《迈向新世纪的上海幼教》系列丛书

幼儿园保育

主编 阎 岩

副主编 黄娟娟 吴锦骠

编委 曹 卫 谢立浩

U0646062

北京师范大学出版社

·北京·

图书在版编目（CIP）数据

幼儿园保育／阎岩主编.—北京：北京师范大学出版
社，2001.3（2019.1重印）
（迈向新世纪的上海幼教）
ISBN 978－7－303－05663－7

Ⅰ．幼… Ⅱ．阎… Ⅲ．学前儿童－生活－管理
Ⅳ．G617

中国版本图书馆 CIP 数据核字(2001)第 02171 号

出版发行：北京师范大学出版社 www.bnup.com
北京新街口外大街 19 号
邮政编码：100875
印　　刷：北京京师印务有限公司
经　　销：全国新华书店
开　　本：889mm×1194mm　1/32
印　　张：7.375
字　　数：185 千字
版　　次：2001 年 3 月第 1 版
印　　次：2019 年 1 月第 7 次印刷
定　　价：10.00 元

责任编辑：栾学东　　　　装帧设计：汉唐工作室
责任校对：李　菌　　　　责任印制：陈　涛

目　录

序一

******☆夏秀蓉☆

这几年生活在上海的人有一种强烈的感觉，熟悉的城市突然变得陌生了，而这种陌生却蕴含着惊喜与自豪。巨变使我们似乎听到新世纪向我们逼近的脚步声，使我们意识到肩上沉甸甸的责任。这脚步声和肩上的分量是时代意识，是责任意识，也是现代意识。

18世纪英国产业革命，由于机器代替了人的体力，带来巨大的社会变迁，使农业社会向工业社会转变，这曾被人们视作当时的"现代化进程"。20世纪中叶以来，电脑开始部分代替人脑，工业社会向信息社会转变，强调信息和知识的传播，强调技术创新的知识经济，这成了面向21世纪的"现代化进程"。无论是18世纪、19世纪，还是20世纪、21世纪，"现代化进程"总是伴随着教育的现代化。邓小平同志关于"科技是第一生产力"以及教育要"三个面向"的指示，深刻揭示了教育与社会、经济相互依赖、相互促进的客观规律。

教育对社会发展的重要性已不容置疑，同样，教育对人的发展的重要性也早已引起世人的关注。心理学研究表明：人在生命的前四年中，会开发出大约50%的学习能力，并在头脑里构建了主要的学习途径。以后的学习将以这些途径为基础、为核心而展开。对幼儿早期进行现代化教育的研究，是非常有价值的，它将会对一代人的成长产生难以估量的影响，并对基础教育起到坚实的奠基作用。

上海有一批对幼教事业执着追求的学前教育工作者，他们有的专于幼儿课程的实践与研究，有的善于发现和总结，有的精于管理。他们凭借多年的积累，收集了丰富的资料，对幼儿教育的现代化进行了理性的思考，为幼教同行的深入研究提供了素材。

在经济体制和经济增长方式转变的过程中，教育正处于由应试教育向素质教育转变的艰难历程之中。学前教育的管理体制、办园体制、投资体制的改革已成为教育转型与发展的推动力；学前教育的课程、教材、内容、手段与方法的改革也已成为确立现代教育观、促进幼儿全面和谐发展的核心问题。本丛书是对转型时期所面临的种种新情况、新问题的探索。正因为是"探索"，在认识上难免会有差异，在实践上也会有不完善之处，所以对本书中的不足，欢迎广大读者给予批评指正。

序二

上海幼儿教育现代化的探索性思考

翁亦诗

时代的进步、社会的发展向教育提出了现代化的要求。而现代化是不断发展、推进的过程，不可能一步到位，一蹴而就。教育要现代化就不能不转变传统的教育观念、教育模式，建立旨在推动本国经济、社会发展和满足人的发展需求为准则的新的教育体系。上海在20世纪末要形成一个具有中国特色、上海特点的一流的教育体系，在这个体系中，婴幼儿教育就应占有重要的地位。

现代学前教育的超前性规律告诉我们，教育改革与发展不能只满足于眼前的社会需要，更重要的是应着眼于未来，超前规划教育的发展，有预见地从教育思想、教育体制、教育结构、教育内容、教育方法、教育手段以及教育环境、条件创设等全方位地进行改革，建立一种着眼于新世纪的、系统化的新的幼教模式，以便更好地发挥教育的功能。从这个意义上来看，幼儿教育现代化是一项艰巨的系统工程。幼儿教育现代化的实现需要从以下几个方面入手：

一、现代化的幼儿教育意识

要把幼儿教育逐步纳入整个大教育体系，并使之走上与经济发展良性互动的轨道，让发展幼儿教育的意识渗透于政府行为，变为发展基础教育不可忽视的奠基工程，使之纳入政府工作规划，成为政府宏观调控的重要方面之一，就要从实际出发，按社会发展需求以及幼教自身规律办园建所。改"大一统"的教育为优质、高效、富有特色的教育，把转变幼教模式的工作纳入经济转型的实践中，纳入社会发展的互动机制中，使之更好地为经济发展以及人的发展需求服务。幼儿教育要改变在自我封闭的状态下发展，政府的认识就必须到位，具体体现在政策到位、投资到位、工作到位。只有这样，整个社会的认识才会到位。

目前，在教育理想与社会现实之间存在着矛盾的情况下，幼儿教育现代化的实现，关键是要靠我们幼教工作者的辛勤工作。只有当我们的工作被社会各界所认可，才能实现幼儿教育所应有的功能、应有的价值和应有的目标，落实其应有的社会地位。

二、现代化的教育管理体制和运作机制

实现现代化的教育管理体制和运作机制的关键，一方面是改革统得过死的集权型计划管理，使幼教按照客观规律进行有效运作；另一方面要重视和运用政府的调控手段，使市场竞争机制与政府行为相结合。

政府对教育进行宏观调控的方式有两种：一是通过

4

把握幼教发展方向，为培养适应未来发展需要的人才打基础，同时解决家长的后顾之忧，以支持社会经济的发展；二是对教育进行宏观干预，只在总体上干预发展的方向、规模及速度，而不干预幼儿园的具体发展问题。总之，教育运作的活力来自市场，但把握教育发展方向以及避免市场误导的手段，则取决于政府对现代教育的认识以及由这种认识所产生的积极干预。也就是说，教育管理体制改革要引进市场机制，建立新型的政府调控体系。

上海经济运行的市场化及经济成分的多元化结构，直接影响着幼教的战略调整。因此，幼教管理体制必须进行相应的改革。

随着上海城市管理现代化水平的提高，城市管理重心的逐渐下移，"两级政府、三级管理"体制探索的不断深入，管理基础教育的主要责任与权限已下放到区（县）政府，因而托幼管理的统筹规划就变得十分迫切。这就要求我们市主管部门采取多种形式与之沟通，衔接好地方政府对本地区托幼工作的综合化管理，同时制定完善的地方管理的法规，要求地方加强教育执法的职能。随着幼儿园办园体制多元化的迅速发展，幼儿园自主办园法制意识也要有所提高。政府与学校、社会与幼儿园之间关系的新变化，相应的政府教育行政职能，社会为教育服务功能和幼儿园的办园自主等，急需以一种具有统筹协调职能的、新的管理体系来实现。家庭教育与社区教育以及幼儿园教育三者之间的教育联系日益密切，在各自的权利、义务方面要求有新的体制加以规范。

上海大规模的市政建设的开展，城市形态的改变，人口流动的增大，要求地方对托儿所、幼儿园的设点布局进行调整和资源的优化配置与之相适应。建设一流的学前教育需要建立以政府为主，企业、集体、个人参与的新的教育投资体制。这一切都需要在地区更大的范围中统筹与协调，需要有新的学前教育管理体制来适应这种变化。同时，我们应从管理体制改革与办园体制改革的有机结合点上寻求搞活运行机制的契机和思路，使宏观管理下的微观办园更具有生命力。

三、现代化的师资素质

教育现代化要先"化"人后"化"物，关键是抓好人，抓好队伍的提高，注意优化整体结构，促进师资素质水平的提高。

上海幼教干部、师资队伍建设的总体思路是：2000 年以全面提高园长、幼教干部、教师队伍素质为中心，与提高教师学历层次、满足需求与产生效益相结合。深化改革、理顺体制、优化结构、提高待遇、依法管理，探索并初步建立新的历史条件下干部、教师队伍的管理模式和运行机制，建设一支既精通业务，又善于管理，有理论、有实践经验的开拓型青年园长；一支具有先进的教育观和现代知识结构，敬业爱生的高尚师德修养和水平，适应儿童全面发展教育所需要的能力，具有国际意识，掌握现代化教育技术手段，数量基本稳定，结构科学合理，学历高一层次，骨干人才领先，适应上海一流学前教育需要的教师队伍。同时以政府行为规范保育员、保健员、营养员三支队伍的建设，使之跟上教师队伍建设的步伐，使保育质量与教育质量同步提高。

四、现代化的设施条件

上海幼儿园的园舍建筑面积要逐步达到《上海市幼儿园建设标准》，新建、改建的幼儿园要坚决执行"九五"建设标准；幼儿园的设施基本按新颁布的标准配备；全日制幼儿园的保健室、观察室要符合《保健室设备标准》，寄宿制幼儿园要依照《隔离室设备标准要求》设立隔离室。

幼儿园的物质环境创设要具有安全、舒适、卫生、实用等特点。环境布置应做到绿化、美化、净化、儿童化、教育化。设备和材料要丰富多彩，应能满足不同幼儿的不同需要。活动室要宽敞明亮，布置上要实现"三化"："立体化"，即地面、墙面与空间都要充分用来提供教育信息；"平衡化"，即各种知识之间、知识与技能之间、教师动手与幼儿动手之间要相对均衡；"动态化"，即环境布置的内容要随教育内容和季节的变化而变化。

随着现代化进程的加快，教育已逐渐打破口耳相授的传统，录音机、录像机、摄像机、电视、幻灯、多媒体、电脑、电子玩具等设备的使用打破了时间、空间对教育内容的限制，使幼儿可以获得直接形象、生动活泼的知识经验。此外，多种活动室的开放，也为发展儿童的各种能力提供了必要的条件。

当然，因地制宜地充分利用各种材料自制玩具、教具与设备的做法，也是现代化的教育所提倡的。

五、现代化的幼儿教育价值观

价值决定着人们所设定的目标和依此目标而进行活动的行为方式，是引导人们行动的准则。幼儿教育价值观同样是引导人们制定幼儿教育目标的内在因素，也是影响幼儿教育发展的重要前提。目前社会日益重视幼儿教育的深层次原因是人们对幼儿教育价值观的转变。具体体现在三个方面：

首先，幼儿教育对个人发展的价值观的变化。20世纪40—50年代，人们把幼儿教育看成是福利事业，工作的最切近的需要是保护幼儿的生存，让幼儿学会生活是其主要价值；60—70年代，科研成果揭示了幼儿处于智力发展的重要时期，提出了保教并重的原理，让幼儿学会学习，为幼儿入小学打好基础，成为幼儿教育的价值；70—80年代，则强调个性的发展，要幼儿学会关心，偏重社会性的价值；90年代以来，幼儿教育提出了培养"完整儿童"的教育目标。现代化的幼儿教育所关心的，不只是要让幼儿生活得愉快，而且要使幼儿在以后的成长过程中，有足够的能力和体力、良好的态度和理想去接受社会变迁和生活的种种挑战。由此，学前教育的重点必须转向为人的全面发展，即发展智力、培养道德行为、形成和谐的人际关系及培养健全的人格和良好的生活习惯，为人的一生发展打好基础。

其次，幼儿教育在整个教育体系中位置的提升。由于教育概念的扩大，非正式教育和正式教育相互作用的提倡，终身教育的提出，把幼儿教育作为教育的第一环节，成为基础教育的基础,重视个性发展的统一性、全面性和连续性,使幼儿教育的价值大为提高。

再次,幼儿教育在社会发展中地位的提高。随着世界国际化、大工业化、都市化及第三次浪潮的冲击和挑战,也相应地提高了对人的发展和教育的要求。未来社会的公民必须是一个有健康的体魄、智慧的头脑、健全的人格的个体,同时还必须是能协同合作、情绪稳定、适应性强、应受能力好的群体成员。而幼儿阶段,是体质健康的奠基期,智力发展的关键期,健全人格的形成期。幼儿教育关系到个人未来的适应和作为,家庭未来的美满和幸福,社会未来的和谐和进步,国际未来的和平和公正。因此,国际社会的呼吁、社会各界的重视,都表明了对幼儿教育的价值在认识上的提高,因为它与创立一个美好的世界息息相关。

六、现代化的儿童观

现代化的教育观必须是以现代化的儿童观为出发点的,儿童观与教育观是密不可分的两个方面。随着心理学以及各种行为科学的发展,人们对儿童的认识逐步深化,儿童观和教育观也随之发生了一系列的变化。现代化的儿童观可简要归纳为以下几方面:

1. 儿童是社会的人,他们应该拥有基本的人权;

2. 儿童是正在发展的人,因而不能把他们等同于成人,或把成人的一套强加于他们,或放任儿童自然、自由地发展;

3. 儿童期不只是为成人期做准备,它具有自身存在的价值，儿童应当享有快乐的童年；

4. 儿童是具有主体性的人，是在与各种活动的互动中不断建构他们的精神世界的；

5. 每个健康的儿童都拥有巨大的发展潜力；

6. 幼儿才能的发展存在着递减法则——开发得越早就开发得越多；

7. 儿童的本质是积极的，他们本能地喜欢和需要探索学习，他们的认知结构和知识宝库是在其自身与客观环境交互作用的过程中自我建构的；

8. 实现全面发展是每个儿童的权利，其先天的生理遗传充分赋予了实现全面发展的条件；

9. 儿童的学习形式是多种多样的，如模仿学习、交往学习、游戏学习、探索学习、操作学习、阅读学习等，成人应尊重幼儿的各种学习形式，并为他们创造相应的学习条件。

七、现代化的教育观

儿童观的变化、发展与幼儿的教育观紧密相关。早在20世纪30—40年代左右，儿童心理学家及教育家就非常注重儿童发展常模的研究，并研制了许多婴幼儿的生理、心理发展常模。其中，具有代表性的是沿用至今的"格塞尔常模"。到了60年代，幼儿认知发展的实验研究风靡欧美，最著名的是本杰姆·布鲁姆的"人类特征的稳定与变化"的著述。他综合了一些心理学家智力测验的研究成果，绘制了一张个体在各个不同年龄阶段的智力分数与成熟年龄的智力分数间的相关曲线图，并提出，如果一个人在 17 岁所达到的普遍智力水平为 100% 的话，那么，从 4 岁起就已具有 50% 的智力，剩下的 30% 的智力是在 4~8 岁获得的，而其余的 20% 的智力是在 8~17 岁时获得的，并由此断言，儿童发展的成败在很大程度上取决于早期经验。上述这种理论的广泛传播及应用，再加上国际竞争等社会原因，当时反映在儿童早期教育方面的便是特别重视智力的开发。这种片面的儿童发展观和教育观延续了相当长的时间，直到 70 年代中期，教育学家、心理学家逐渐认识到智力与个性、健康身心整体发展的重要性。尤其在 80 年代后期至今，对儿童整体发展的认识有了进一步的提高，培养"完整儿童"的教育目标逐渐成为幼儿教育的指导思想。

培养"完整儿童"是现代幼儿教育的新观念。所谓"完整儿童"是指一个全面发展、和谐平衡的儿童，是指其身体、社会性、情感、认知和道德等方面的整合性发展。培养"完整儿童"的教育方案，则以开发其智能、培养其情操、锻炼其意志为目标，通过多种活动，以建立一个能调整内在需要和外在压力、保持平衡状态的新心灵。为了达到这一目标，幼儿教育工作者必须具有现代化的幼儿教育观：

（一）教育要与儿童的年龄特点相适应

关于人类发展的研究表明，在出生后的最初 9 年中，存在着一个普遍的、可以预知的生长和变化的顺序。这些可以预知的变化出现在发展的所有方面，包括身体、情感、社会性和认知。这种顺序表现为一定的年龄阶段性，教师应当根据有关儿童发展的年龄特点来为儿童准备学习环境，提供与儿童年龄相适应的学习材料。

（二）教育要与每个儿童的特点相适应

每个儿童不仅在成长与发展的速度、需要、兴趣以及学习的形式上具有不同于他人的特点，而且每个儿童具有不同文化背景的家庭，因此，每个儿童已有的知识经验不同，他们的家庭及文化背景所特有的价值观也不相同。在教育上必须考虑儿童的特殊需要，不能把每个儿童看成是一样的、相似的，不能用同一个教育要求、方式、方法对待不同的儿童。

（三）与儿童发展相适应的教育观

要把每个儿童看做是发展着的心智能力的学习者，每个正常儿童都能获得这些能力，但每个儿童获得能力的时间可以不同。因此，早期能力上的差异主要是在发展速度上的差异。教育者的任务就是要使教育与儿童正在出现的心智能力相匹配，尊重每个儿童在发展上的特点，而不应要求儿童调整自己以适应某种特定的教育方案，要努力促进每个儿童在原有水平上的发展与提高。

（四）幼儿教育过程是教师与幼儿情感活动和认知活动相互作用的过程

教师不但要传授知识，发展幼儿的智能，还要促进幼儿的情感发展；不仅让幼儿学到知识，还要让幼儿学会探索事物的方法。

（五）教育要渗透在一日活动的各个环节之中

不仅要抓好正规教育，还要抓好非正规教育，随人、随事、随时、随地、随境地进行随机教育。

（六）要为幼儿创设良好的教育环境

幼儿不仅要向老师学习，还要向同伴学习，向环境学习。要尊重幼儿之间的交往，重视发挥环境的教育功能，抓好物质与精神环境的创设。

（七）幼儿教育必须面向全体幼儿

"面向全体幼儿"是指幼儿园的教育要给每个幼儿最需要和最合适的教育。幼儿的身心发展迅速，可塑性很大，是受教育的黄金时期。如果这一时期能使每个幼儿获得与其发展相适应的教育，则将为其终身发展打下良好的基础。

（八）幼儿教育必须促进幼儿的全面发展

从幼儿发展的内容来看，他们是体、智、德、美等多种素质的综合体。幼儿的发展不仅以这些素质为基础而不断走向成熟，走向社会，走向人格的完善，而且也在这些素质交织统一的运行机制中实现彼此的促进和提高，最终走向全面发展的最高境界。

幼儿的身心发展是一个过程，体、智、德、美等素质在幼儿的发展过程中，既各有其相对独立的意义和作用，同时又不可分割地处在互为基础和前提、互相促进与提高的内在联系之中。现代教育学原理普遍认为，"智"是人的身心发展的认识基础，它的发展为其他几种素质的发展提供了认识的条件；"德"是人的发展的方向和动力，没有德的发展，其他几种素质的发展便落入盲目的境地之中，将会失去动力；"体"是人的发展的物质保证，没有体的发展，智、德根本没有完善的可能；至于"美"的素质，在社会的发展中也日益显现出它的独有的功能，成为人的身心发展的重要组成部分。而幼儿教育的特殊性使得"体"的位置更显重要。体、智、德、美的相对独立作用表明了彼此的不可替代，而它们的内在联系则说明：要实现儿童的身心健康发展，就必须把各种素质摆到同等重要的地位，使各自都得到适当的增长和提高。而现在被歪曲了的"特色"教育却无视这种联系，硬要单科拔高，互相替代，或以一种素质的发展主导或替代幼儿的整体发展，这势必会造成对儿童身心的摧残，使他们成为片面的人、畸形的人。

体、智、德、美等各种素质的统一发展，不仅是幼儿身心发展的客观规律，更是社会发展对个体发展的客观要求。社会发展到了今天，社会上的任何一个职业部门，任何一个工种，都要求人具备全面的素质。而强行分割所造成的人才素质的残缺，不仅违背了人的身心发展的客观规律，而且也造成了教育过程的浪费。

同时，实现体、智、德、美等方面的发展也是个体自身的需要。任何一个人，要使自己能够适应现存的生活与生产方式，保证个人生活的幸福充实，同样在与社会的相互作用中，实现着多种素质的发展。从幼儿教育的整体性特点来看，就是在充分认识和科学处理各种素质间耦合关系的情况下，使教育过程能更好地反映人的身心发展的客观规律，成为促进儿童身心愉快和谐发展的过程。幼儿教育是为人的全面发展打基础的教育，促进儿童全面和谐发展是我们应该始终坚持的教育方针。

（九）幼儿教育必须坚持保教结合的原则

在幼儿园的教育工作中，保教结合的原则表明了幼儿园教育与其它教育的重要区别，同时也显示出幼儿园教育自身的独特性。

在贯彻保教结合的原则中，最重要的是要了解什么是幼儿保育与教育中最为需要的东西。一些专家通过长期研究表明，在心理上，幼儿需要强烈的安全感和适度的自我肯定；需要成人或年长儿童协助他们进入社会，增长经验；需要与有权威的成人一起成长、学习。心理健康对儿童的身体发展有极重要的价值。保育的概念，不只是对幼儿身体的照顾，还包括对幼儿的心理、个性的保护与培养。事实上，幼儿生理、心理的各种机能之间是相互依存、协调统一的。研究表明，任何机体上的障碍均有可能阻滞幼儿心理或精神上的发展，心理或精神的异常又经常导致幼儿发展的迟缓和身体上的疾病隐患。因此，保教结合的原则十分重要，它是符合身心关系的辩证思想的。

八、现代化的课程观

新的课程观是与新的教育观、儿童观相辅相成的。当今世界各国课程改革的主要趋势是课程的多样化、乡土化、个别化和综合化。"多样化"是基于学习研究的结果，它表明个人认知侧面的学习变化同个体差异相关，每个人的学习兴趣、态度也各异，要注意每个个体的情感侧面；"乡土化"主要指扎根于社区的课程与注重劳动体验的课程开发；"个别化"指教育工艺的发展与个别教育、协同教育的应用，而现代化的教育手段大大促进了媒体内容的开发；"综合化"在最近几年的课程改革发展中，成为了一个新的研究课题，即博采众家之长，整合后变为先进的课程模式。课程模式问题，虽然在学前教育中占有重要地位，但它毕竟是从属于培养目标和发展任务的，因此，应当着重对培养目标和儿童的发展进行深入的研究，然后再根据教育内容的需要和儿童的发展考虑采用什么样的课程模式。只要是有利于实现教育目的和促进儿童发展的模式，都应允许存在。事实上，现实生活中也不存在对所有儿童都是最佳的教育方案，只有通过多元化课程模式的实验和研究，吸取各种课程模式精华，革除弊端，相互补充融合，才能更好地促进幼儿教育的发展。

为了适应这一改革的需要，上海的地方课程政策，即《幼儿园教育纲要》要在国家课程政策的宏观管理下，从上海的实际出发，使其既增强幼儿园课程对不同家庭环境、不同经济条件、不同发展个体的适宜性，又保证国家幼儿教育总目标、总方针的实现；既保证国家对幼儿教育课程的宏观控制和导向，又有利于发挥广大幼教工作者及其所在地区教育行政部门和科研部门的积极性和创造性。上海要对课程的指导思想、目标、内容、实施策略、评估方式与标准等展开专题研究。我以为，课程政策的指向中的关键问题是对幼儿园课程的概念要有新的更科学、更宽广的认识，即课程既应包括幼儿园的全部教育活动，也应包括幼儿园为使幼儿达到预定的教育目标和良好的发展水平所采取的一切教育内容和手段；不仅要有显性的课程，也要有隐性的课程；不仅包括认知的发展，也包括健康的动作、情绪、社会性、个性品质等多方面的发展，总之，其范围应包括幼儿生活的整体。

九、现代化的教育目标和教育内容

联合国教科文组织召开的"面向 21 世纪教育国际研讨会"专题报告中提出，21 世纪最成功的劳动者将是全面发展的人，将是对新思想和新机遇最开放的人。21 世纪的我国，市场经济将更加发达，社会将进一步表现出竞争性、开放性、创造性、变化性、冒险性等特征。为了更好地适应这样的社会，从现在起就要在幼儿教育目标中体现未来社会对人才素质的要求。

1. 重视培养幼儿的竞争意识、竞争道德、竞争能力，使幼儿从小学会与自己的过去竞争，不断自我完善，不断超越自我，还要使幼儿具备与他人竞争的能力与心理素质；

2. 重视形成幼儿开阔的眼界、宽广的胸怀、开放性的思维习惯；

3. 重视开发幼儿的创造力。随着电脑的普及，一般的脑力劳动逐渐被电脑代替，而留给人脑更多的是创造性的智力活动，所以要培养幼儿的创造力；

4. 重视让幼儿认识变化，适应变化，促进变化，形成万事万物都在变化的认知模式；

5. 重视培养幼儿大胆探索、不怕吃苦、不迷信权威、勇敢追求和冒险的品格。

现代化的目标是通过现代化的教育内容实现的。因此，我们在幼儿园课程改革与设计中，要继承传统的、有生命力的"学科本位"型课程设计，重视历史遗产的继承、社会规范的遵循、科学技术成果的吸取、自然科学规律的传授；同时又要体现"学生本位"，即尊重学习者的心理发展规律，尊重他们的需要、兴趣、能力等，将人类知识宝库中最精华、最具有广泛适应性和永恒价值的部分提炼出来，编制成幼儿能接受并喜欢的课程；还要体现"社会本位"，即重视课程的社会适应性、社会重塑性，反映社会的要求与变化。从现代化角度而言，应增加如下的教育内容：

全球教育：让幼儿了解世界，从小习惯宽容多元文化，关心中国与世界的关系，关心中国在世界的地位，培养对国际社会有责任感的国际型人才。

环保教育：初步理解人与自然以及周围环境的关系，懂得人类生存对动植物的依赖，了解环境污染的危害及其被污染的途径和程度，从小形成强烈的环保意识，养成自觉维护环境卫生的习惯。

创造教育：社会越发达，对人的创造性要求越高。在未来，不适应社会的人不仅仅限于文盲，还有缺乏创造性的人。根据才能发展的递减原理——开发得越早就开发得越多，可以推断出，创造教育可以充分开发幼儿天赋的心智潜能。

合作教育：社会越是现代化，人们从事的工作就越是专门化，因而人们之间生存、生活依赖性就越强。培养合作能力，无论对生活还是对工作都是十分重要的。缺乏合作能力会限制才能的发挥，因而，培养儿童从小乐于合作的态度，善于合作的能力，增强交往技能，形成健康的社会性就变得至关重要。

总之，21世纪的人才需要多维的视角和崭新的知识结构以及适应新社会的各方面的素质。

十、现代化的幼儿园管理

仅有现代化的教育条件而没有相应的管理，同样不能实现教育的现代化。正如著名的管理学家德鲁克所说："管理是现代化机构的特殊器官，正是这种器官的成就决定着机构的成就和生存。"为了实现现代化的管理，必须通过现代化的计划、执行、监督、总结等过程，协调组织机构内的人力、物力资源，以达到高效率的综合性活动目标。

通过加强园长培训，使他们能够掌握现代化管理的原理、方法和艺术，使幼儿园的管理工作向有序、规范、科学的方向努力。此时，幼儿园管理模式应是开放式、动态式的，要积极反映社会变化，主动适应社会要求，调整与家庭的关系，开发家庭教育资源，发展新的家园结合模式，进而探索同社区与家庭广泛合作的多样化的幼教模式。要与社会各方面建立密切的合作关系。在教学管理上要做好与托儿所、小学的衔接工作。

我们要让教育现代化的各方面因素，通过现代化的幼儿园管理，落实到教育的每一个环节，最终促进幼儿全面和谐的发展。

综上所述，要体现现代化幼儿教育的价值必须具有超前意识。但是"超前性"是适度的超前，而不是盲目的超前，适度是很重要的。以上是我对上海幼儿教育现代化的一点探索性思考。

编者的话

　　保育是幼儿园教育的重要组成部分。保育的根本目的是为了保护与增进幼儿的健康。长期以来，由于受传统保育观念的影响，认为保育就是以保护与保养为主，而独生子女的特殊地位更助长了这一观点。因此，幼儿园管理工作中存在着重教育管理、轻保育管理，重教师队伍建设、轻保育员队伍建设，重教育教学研究、轻保育工作研究的现象。

　　随着社会科技的飞速发展以及教育观念的转变，传统的保育观念受到冲击，促使我们必须重新认识保育工作。从现代健康的角度出发，幼儿园的保育不仅是单纯、被动的生活护理，而且是朝着科学化、规范化的方向发展，更强调幼儿积极主动的参与。因此我们应该全面开展幼儿保育工作，以提高幼儿教育的整体水平，真正实现"幼儿园是实施保育与教育的机构"的任务，使之与未来社会人才素质的培养目标相适应。

　　此书涉及内容广泛，操作性、实用性较强，但由于编者水平有限，经验不足，书中不妥之处在所难免，恳请广大读者批评指正。

　　本书在编写过程中，得到了华东师范大学学前教育、特殊教育学院朱家雄教授及上海市教育委员会萧树人老师的指点，得到了徐汇区幼教科、徐汇区教科室、宛南幼儿园、机关建国幼儿园、长桥新村第二幼儿园等多方面的大力支持和帮助，在此表示衷心的感谢！

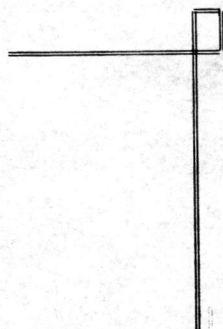

论　文

把上海幼儿园保育工作纳入规范化、科学化的管理轨道

翁亦诗

搞好幼儿园保育工作，保护和增进幼儿的健康，是时代发展、社会进步、民族兴旺的具体体现。然而长期以来，上海幼儿园的教育与保育工作，都存在着"一条腿粗、一条腿细"的现象。我市托幼办曾对上海教育部门所属幼儿园的后勤人员的基本情况进行了一次调查，发现上海教育部门的后勤人员队伍存在着"一紧、二少、三多"的情况。

一紧：编制紧。《幼儿园工作规程》（以下简称《规程》）规定：保健员与幼儿比为1：200，营养员与幼儿比为1：50，保育员与幼儿比为1：30。但是目前的现状都大大低于规定的标准：保健员与幼儿比为1：300，营养员与幼儿比为1：120，保育员与幼儿比为1：60。

二少：培训机会、渠道少，收入少。

三多：年龄大的多，临时工多，不达标的多。

教育部门办的幼儿园尚且如此，那么社会力量办的幼儿园的情况则会更不尽如人意。这种现状根本不能适应保育内容日趋丰富、保教政策要求愈来愈高的形势。造成这种状况的主要原因在于，还未将幼儿园的保育科学化工作放到与教育并重的位置。为此，上海市托幼办从现代社会对幼儿健康的要求出发，加大对保育工作管理的力度；从抓队伍建设、抓规范化操作、抓先进典型

3

的推广入手，进一步规范幼儿园的保育工作，促使幼儿园的保育工作逐步纳入科学管理的轨道。其间，不少区（县）进行了可贵的探索，获得了许多宝贵的经验。例如，静安区进行了加强保育工作的行政管理、人事管理以及保育工作教育化、科研化的探索；南市区制定了幼儿园后勤工作操作常规，积极开拓优化保教人员的主渠道，将富余的教师充实到保育员的队伍中，并加强培训；虹口区加强了幼儿园的膳费管理与保育员队伍的培训；闸北区、宝山区进行了对幼儿营养菜肴的评比，以促使幼儿园对幼儿用餐讲究科学合理的饮食结构；徐汇区开展了营养基地的科学研究；长宁区建立了规范的保育保健工作资料档案，开展保健员关于保健工作的知识竞赛；杨浦区对保育工作及人员进行全面调研，有针对性地开展保育工作；此外，郊县的保育工作也基本被纳入了托幼工作的总体计划之中。总之，上海的保育工作已走出低谷，逐渐体现出符合现代大都市的保育意识。

一、要以现代化的观念认识保育工作，充分体现幼儿园保育工作的全面性

随着现代科学技术和社会的发展，原有的所谓生理机能正常、没有缺陷和疾病就是健康的观念发生了很大的变化。联合国世界卫生组织在其宪章中指出："健康是身体、心理和社会适应的健全状态，而不只是没有疾病或虚弱的现象。"国际初级卫生保健大会提出："健康是基本人权，达到尽可能的健康水平是世界范围内的一项最重要的社会性目标。"这些观点现已普遍地被接受，并指导我们把健康放在一个更广阔的背景下，从生理、心理和社会等多方面去考察人的健康问题，制定更为全面和完善的卫生保健目标，采取更为合理和有效的保育措施。幼儿健康是许多相互交叉、相互制约的因素相互作用的结果。幼儿身体、心理和社会适应的健

4

全状态既有赖于他们生存的良好的自然环境和社会环境，也有赖于幼儿自身的状况，还与幼儿和环境的作用方式及环境对幼儿的保护有关。因此加强保育工作，除了要抓好保护、保健、营养、体育锻炼、安全等常规，更要注重寓保育于教育之中的研究，并加以落实。在积极的保育工作中促进幼儿心理健康及对社会的适应性，将幼儿园健康教育领域的目标真正落到实处。

二、要以严肃的态度制定保育工作的操作常规，进一步提高幼儿园保育工作的科学性

目前，对幼儿园保育工作的认识从过去的补偿性和福利性向科学化发展，已成为幼儿保教理论发展的重要趋势。但要切实将理论变为保育的实践，尚有一段不小的距离。因此，制定保育工作的操作常规，使抽象的保育工作要求转化为具体的操作流程，将外在的要求内化为工作人员自身的规范要求，已成为提高幼儿园保育工作科学性的必要前提。

操作常规制定得越全面越科学，保育工作的质量就越有保障。操作常规的全面性一定要充分体现《规程》的精神，充分反映保育和教育的目标，要防止顾此失彼的失衡现象。虽然上海市幼儿园的保教工作者有着较为丰富的保育常规管理的经验，但时代的发展，独生子女的日趋增多，家长对幼儿园的保育要求愈来愈高，迫使我们幼儿园的保育管理要从经验型转向科学型。

我们应该使"操作常规"的全面性、科学性充分体现在提高幼儿园的保育质量上。

三、要以严格的管理，规范日常保育工作，努力建立保育工作的评价制度

严格管理保育工作，就是对保育工作各个环节的全过程的管

理。虽然影响幼儿健康水平的因素是错综复杂的，但是作为幼儿园来说，保教质量的高低是处于主导地位的。因此，从某种意义来说，幼儿健康水平的高低取决于幼儿园的保教工作的质量。幼儿的健康水平是幼儿园各方面工作，特别是后勤工作质量成果的综合反映，而工作质量是幼儿健康的保证和基础。

为了保证幼儿园保育工作的质量，除了制定一系列的管理性文件以外，还必须运用评价这一管理的手段。新的保育工作的评价一定要有目的、有计划地进行。幼儿园保育工作操作规范一旦形成，就要建立一个评价体系。抓后勤工作的园长除了制定规范性制度外，还应承担起评价的职责，这是将操作规范落到实处的必要机制。

如果每一项保育工作的内容都建立起相应的评价体系，那么我们对保育工作的质量管理就能真正落到实处。在此基础上，我们应及时推广先进经验，对所发现的问题采取措施予以补救，努力实现严格管理下的保育工作的规范化。

四、要以政府的行为加强保育员、保健员、营养员三支队伍的建设，实行职业资格证书制度

过去的后勤人员培训工作是以地方为主进行的，未形成全市统一的规范化的培训制度。上海市人事局、劳动局、市教委托幼办、市卫生局等有关单位的负责同志，共同召开关于上海市保育员（含保健员）技术等级培训和考试工作协调会。会议就上海市实行资格证书制度的目的、意义及具体的办法做了详细的介绍：1995 年 9 月 28 日由上海市劳动局和人事局联合发布沪劳技（1995）79 号文件，自发文之日起，上海市实行统一职业技能资格证书的规定。实行职业资格证书制度是依据《劳动法》的精神，也是国家在建立社会主义市场经济体制下加强劳动人事科学管理，

提高劳动者整体素质，与国际接轨的一项重要政策。在开展这项工作中，由劳动部门综合管理劳动者职业技术的鉴定，由人事部门综合管理专业技术人员的聘用。具体体现在以下几方面：

1. 劳动部门在管理中实行全市性的"八统一"，即统一国家标准、统一鉴定规范、统一鉴定程序、统一鉴定机构、统一考评队伍、统一资格证书、统一核证管理、统一鉴定题库。

2. 劳动部门在管理中充分发挥行业专业管理的作用，认准行业的一个主管部门组建行业专业委员会。其任务是：

（1）对本行业劳动者做预测和规划（劳动者素质层次的提高和劳动量的实际需求）；

（2）配合综合管理部门贯彻标准；鉴定题库，提出鉴定站（所）的标准，考评员的标准、考试大纲、教材和职业技能的开发研究等；

（3）对鉴定站（所）上报市职业技能鉴定进行审定。

3. 实行培训和考试严格分开。培训放开，鉴定由鉴定站（所）负责。

4. 证书统一颁发由劳动局印制的《技术等级证书》和人事局印制的《机关、事业单位工人技术岗位证书》。

5. 鉴定验印：由劳动局负责，印有劳动局、市鉴定中心、鉴定站（所）三章有效。

6. 凡国家已制定的标准均按国家标准制定，行业的标准由市统一规定。

综上所述，上海实行保育员资格证书是一件新生事物，它有利于保育员队伍素质的提高，有利于幼儿的健康成长和托幼事业的健康发展。上海要成为一流城市，必须要有一流的教育，也要有一流的保育。因此以政府行为加强三支队伍的建设也是时代赋予我们的光荣职责。在市劳动局、市人事局认定我们市托幼办作为负责此项工作的主管部门以后，地方各级托幼办也要义不容辞地承担起此项重任，加强主管意识，积极开展工作，使上海尽快实行托幼系统的保育员资格证书制度。

上海市幼儿饮食和生活习惯的调查报告

阎　岩

一、调查目的

幼儿期正是儿童生长发育迅速、智力发展最佳的年龄阶段,及时为幼儿提供所需要的营养是促进其生长发育的重要物质保证,而良好的饮食习惯又是保证幼儿营养合理摄入的重要前提。"营养"即"营食养生",指生物体摄取某种物质,借以发育成长、维持生命、保持身体健康的"营生"。营养丰富的食品能否在人体内发挥作用,先决条件是要吃进去;若吃不进去,再好的营养食品对人体也无任何益处。要使幼儿保持旺盛的食欲,良好的饮食习惯是必不可少的。饮食习惯是生活习惯的一部分,饮食习惯的好坏,不仅影响生活习惯,且对营养的摄入与吸收有直接的影响,这不仅对幼儿的健康成长至关重要,同时也对提高人口素质具有重要意义。本调查试图通过对幼儿饮食习惯和生活习惯的调查,了解目前幼儿在家庭中的现状,以便于家园共同配合,从小养成幼儿良好的习惯,促进幼儿身心的健康发展。

二、调查方法

本调查主要从"饮食习惯"、"生活习惯"两方面设计问题。
幼儿在家庭中的饮食情况主要包括食欲状况、进餐速度、进餐时的行为、进餐习惯、偏食情况和吃零食情况等几方面;幼儿在家庭中的生活习惯主要包括生活规律、睡眠习惯、活动地点、活动内容、食前洗手等几方面。这些因素对幼儿的营养保健极为重要。

本调查样本来自上海市的徐汇、闸北、静安、卢湾、杨浦、闵行等六个区和青浦、川沙、金山、南汇等四个郊县，共 1 021 名中班幼儿，其中市区 535 名，郊县 486 名，年龄均在 4～5 岁之间。

调查采用整群随机取样的方法，从本市十个区（县）中各随机抽取两所普通幼儿园，然后在该园中随机抽取一个中班，将该班的家长作为调查对象。调查时，调查人员经过培训，向家长进行试题说明，然后由家长答卷。

三、调查结果与分析

（一）幼儿在家庭中的饮食情况

表 1　幼儿食欲情况

		很　好		好		一　般		不　好		很不好	
		N	%	N	%	N	%	N	%	N	%
市　区		40	7.8	140	27.2	289	56.1	44	8.5	2	0.4
郊　县		32	6.6	127	26.2	292	62.2	29	6.0	5	1.0
合　计		72	7.2	267	26.7	581	58.1	73	7.3	7	0.7

我们将幼儿食欲情况分成五档：很好则表示主动愿意吃饭且速度较快；好则表示愿意吃饭；一般则表示能吃完自己的饭菜但速度较慢；不好则表示不能吃完自己的饭菜且速度慢；很不好则表示不想吃东西。从表 1 中可知，有一半以上的幼儿食欲状况属于一般，食欲属于好的和很好的幼儿只占 1/3。经统计检验（$X^2=$4.9，P<0.01），市区与郊县具有极显著性差异。

食欲差与多种因素有关。首先是无饥饿感。当胃里没有食物，人才感到饥饿而想吃东西；血糖水平下降，组织利用糖减少，也使人感到饥饿。此时，人脑的摄食中枢兴奋，于是开始摄食活动。而胃里充满了食物，人脑的饱食中枢兴奋，人就不觉得饿，不想进食。其次是味觉发育差。幼儿的食欲又与味觉密切相关，味觉差，食欲就会降低，而味觉发育又有关键期，该时期如果没有给予必要的味觉刺激，其味觉能力就会降低，从而影响食欲。再次，食欲还同幼儿过多地吃甜食和零食有关。此外，精神紧张、情绪不愉快、微量元素的缺乏、维生素的缺乏、躯体的不适和疾病、饮食生活习惯不好、烹调技术等都会给幼儿的食欲带来障碍。

表 2 幼儿进餐速度

	15 分钟内完成		15～30 分钟完成		30 分钟完成	
	N	%	N	%	N	%
市　区	97	18.9	323	63.1	92	18.0
郊　县	155	32.0	285	58.8	45	9.3
合　计	252	25.3	608	61.0	137	13.7

注：$X^2 = 13.016$，$P < 0.01$。

从表 2 可知，大部分幼儿的进餐速度比较适当，在 15～30 分钟内能完成进餐，符合幼儿身心发展规律，但也有 25.3% 的幼儿完成进餐速度过快。

进餐要提倡细嚼慢咽。首先，唾液是一种消化液，消化作用较强，食物经细嚼才能与唾液充分拌和，这是完成消化过程的第一步；若进餐过快，不经过第一步消化过程，直接进入胃里，食物则得不到很好的消化。其次，速度过快，血液供给量不足，幼小的胃承受不了过猛的进食，势必增加胃的负担，长此以往就会引发胃肠疾病。从市区与郊县的情况看，经 X^2 检验，市区与郊县幼儿在进餐速度上具有极显著性差异，郊县幼儿在 15 分钟内完成进餐的人数多于市区幼儿；有一小部分幼儿完成进餐的速度过慢，且市区多于郊县。进餐速度过快、过慢对幼儿的健康都会带来不利影响。因进餐速度过慢，致使饭菜过凉，而冷的食物进入消化道同样会引起身体的不适，因此我们建议幼儿吃饭的速度应控制在 15～30 分钟之间。

表 3　幼儿进餐时的行为表现

	边吃边看电视，边吃边玩		边吃边讲话		吃饭时不做其他事情	
	N	%	N	%	N	%
市　区	234	45.7	154	30.1	124	24.2
郊　县	114	23.6	226	46.7	144	29.8
合　计	348	34.9	380	38.2	268	26.9

由表 3 可知，幼儿吃饭时的行为普遍较差。边吃边看电视、边吃边听故事、边吃边玩或边吃边讲话的现象较为严重。从边吃边看电视这一类情况看，占了被调查人数的 34.9%，其中市区占 45.7%，郊县占 23.6%，市区多于郊县；从边吃边讲话的情况看，占了被调查人数的 38.2%，其中市区幼儿占 30.1%，郊县幼儿占 46.7%，市区少于郊县；吃饭时不做其他事情，认真专心进餐的只占 26.9%。经统计检验（$X^2=55.99$，$P<0.01$），市区与郊县幼儿进餐的行为具有显著性差异。由此可见，独生子女在家的进餐环境令人担忧。前两种均属不良的饮食习惯，是进餐时注意力分

散的表现。进餐时注意力不集中，边吃边看电视或边吃边玩会使食欲下降，对机体增加了一种外抑制，影响消化吸收。如果进餐时注意力集中，就可通过视觉、嗅觉、味觉来对食物的色、香、味进行感知，从而对食物建立起条件反射，促进胃液分泌而提高食欲。

表4　幼儿吃饭时的习惯

	自己独立完成		需别人喂才能吃完		边吃边含在嘴里	
	N	%	N	%	N	%
市　区	277	54.0	188	36.6	48	9.4
郊　县	336	69.3	110	22.7	39	8.0
合　计	613	61.4	298	29.9	87	8.7

　　无论市区还是郊县，幼儿在幼儿园经过系统的教育都养成了独立进餐的习惯，但应看到仍有一部分幼儿存在家园不一致的情况。由表4可知，幼儿在家吃饭需大人喂才能吃完的占被调查人数的29.9%，其中市区占36.6%，郊县占22.7%，市区多于郊县，经统计检验（$X^2 = 22.968$，$P < 0.01$），市区与郊县存在显著性差异，这充分体现了幼儿具有的两面性。家园不一致现象应引起幼教工作者的重视。幼儿在集体的环境中受到正确的教育，他们的自理能力、独立性得到培养，而家庭中，独生子女的特殊地位，容易助长幼儿的依赖性，加之成人对他们的溺爱，导致了这一现象的产生。因此，在培养幼儿的过程中，要重视幼儿园与家庭教育的一致性，使幼儿在幼儿园养成的好习惯在家庭中能得到巩固和提高，从小养成独立的生活能力，培养自理的好习惯，对其今后的成长大为有益。

表5　幼儿在家一天中吃零食的次数（不含水果）

	较多（三次以上）		一般（两次）		较少（一次）		没有	
	N	％	N	％	N	％	N	％
市 区	65	12.7	203	39.6	115	22.4	130	25.3
郊 县	71	14.7	238	49.2	108	22.3	67	13.8
合 计	136	13.6	441	44.2	223	22.4	197	19.8

　　我们这里指的零食主要是指糖果、蜜饯、炒货、肉脯类的食物，不包括水果。从调查情况看，幼儿吃零食的现象较为普遍，不分时间想什么时候吃就什么时候吃的幼儿占了被调查对象的79.4％，经统计检验（$X^2 \approx 11.366$，$P < 0.01$），市区与郊县差异显著。据调查，幼儿吃的零食大多是糖果、饮料、蜜饯、糕点类的食物，这必然会降低食欲，使正餐反而吃得少，从而导致总的营养获得量不足。许多幼儿吃饭的食欲属一般同他们吃零食有一定的关系。零食不是绝对不能吃，要看什么时候吃和吃多少，有的幼儿零食不离口，到吃饭时自然就吃不下，这就影响了幼儿获得全面而平衡的营养。零食要在按时吃好一日三餐的基础上，两餐之间适当吃些水果、花生等小食品。零食吃得多，或饭前吃，使食欲降低，也会增加胃肠的负担，使胃肠总处于兴奋状态，日久就会使胃肠功能失调，引起消化不良。为了克服幼儿吃零食的坏习惯，父母就应有计划地逐步减少其吃零食的次数和数量，也应把一日三餐的饭菜做得丰富可口，使幼儿愿意吃，保持旺盛的食欲。

表6 幼儿偏爱食物情况

	肉类	海鲜类	禽类	蛋类	豆制品类	蔬菜类	蒜类	薯类
市 区	2	1	3	6	8	4	9	7
郊 县	1	2	6	3	7	4	9	8
合 计	3	3	9	9	15	8	18	15

由表6可知，幼儿对肉、鱼、禽、蛋类等副食普遍偏爱，而对豆制品、薯类、蒜类的食物不感兴趣，市区与郊县的情况基本一致。幼儿偏爱食用动物性食物，容易造成营养素摄入的不平衡。动物性食物属酸性，营养学家指出，人类70％的疾病多发生在酸性体质者中，幼儿机体处理酸碱平衡的系统尚不成熟，更应重视膳食营养的平衡合理。豆制品内含有丰富的优质大豆蛋白，价低质优。蒜类食物中含有丰富的微量元素，随着现代医学科学的进步，蒜类食物对人体健康的益处，越来越受到人们的重视。幼儿正处于生长发育时期，需要各种营养素的保证，因此我们应通过平衡膳食，调配科学合理的食谱，为幼儿提供生长发育所需的各种营养素。同时也要培养幼儿从小养成良好的饮食习惯，不偏食、挑食，保证幼儿生长发育所需的各种营养素。

（二）幼儿生活习惯

表7 幼儿生活规律

	很有规律		较有规律		没有规律	
	N	％	N	％	N	％
市 区	57	12.7	454	84.9	24	4.5
郊 县	61	12.6	390	80.4	34	7.0
合 计	118	11.6	844	82.7	58	5.7

由表 7 可知，家长认为自己的子女在家庭中生活较有规律的占了多数，没有规律的占 5.7%，而很有规律的只占 11.6%，可见幼儿在幼儿园养成的良好的生活规律，在家庭中并未得到很好的巩固。经统计检验（$X^2 = 4.386$，$P > 0.05$），市区与郊县差异不显著。生活规律，意味着有节奏、有条不紊的活动，人的身体各部分紧密联系、协同活动，构成一个整体，这都需要借助于神经系统的调节，当人的活动按照一定的方式，多次重复进行后，大脑皮层上的兴奋过程和抑制过程在空间和时间上的关系就固定下来，形成动力定型，动力定型的建立既能减少脑细胞的能量消耗，又能轻松愉快地完成工作。幼儿神经系统的发育很不完善，兴奋过程和抑制过程还很不平衡，因此容易疲劳，注意力易分散，易被外界新奇的刺激吸引，年龄越小，表现则越突出。为了保护和增进幼儿神经系统的健康发育，有必要为幼儿制定合理的生活制度，使大脑皮层形成一系列的条件联系，使整个生理活动按一定的规律进行，有益于幼儿的身体健康。从调查结果可以看出，市区幼儿生活有规律情况比郊县幼儿好，这也正是市区幼儿从小在托儿所就逐步适应了有规律的作息生活的结果。良好的动力定型需要多次重复才能建立，所以幼儿园有规律的生活习惯，在家庭中应得以巩固，使得家庭与幼儿园的教育保持一致，帮助幼儿从小养成良好的生活习惯，促进身体健康，培养良好的个性品质。

表8　幼儿的睡眠习惯

	早睡早起		早睡晚起		晚睡晚起		晚睡早起	
	N	%	N	%	N	%	N	%
市　区	214	39.9	35	6.5	191	35.6	96	17.9
郊　县	190	39.2	47	9.7	177	36.5	71	14.6
合　计	404	39.6	82	8.0	368	36.0	167	46.4

由表 8 可知，1/3 左右的幼儿已养成了良好的生活习惯，能做到早睡早起，但多数幼儿的睡眠习惯不尽如人意。早睡晚起的幼儿占 8％，晚睡晚起的幼儿占 36％，晚睡早起的幼儿占 46.4％，其中以晚睡晚起的幼儿居多。据分析，造成幼儿晚睡的原因主要是由于幼儿在家中长时间地看电视，也有的是为了完成家长布置的学习任务等，经统计检验（$X^2 = 4.7987$，$P > 0.05$），这一现象无论市区还是郊县都很普遍。晚睡是很不好的生活习惯。幼儿的整个生理活动需要有一定的规律。睡眠是人生活中一个重要的环节，是大脑皮层的一种保护性抑制，在抑制过程中，神经细胞进行自身的新陈代谢和能量的恢复、储备工作，吸收大量的氧气和葡萄糖及其他营养物质，使大脑皮层神经细胞的损耗得到恢复，对促进生长发育有重要作用。幼儿的神经系统正处在发育过程中，比较脆弱，为了保护神经细胞不受伤害，只有很好地组织幼儿睡眠，才能使幼儿很好地恢复大脑皮层细胞的机能。如果幼儿睡眠不足，大脑皮层细胞的机能损耗得不到充分的恢复，就会出现生理功能紊乱，精神萎靡不振，神经系统功能失调，抵抗力下降，注意力不集中，进而影响健康和聪明才智的培养和发挥。因此必须保证幼儿有充分的睡眠时间，养成按时入睡、早睡早起的好习惯。

表 9　幼儿平时在家庭中的活动场地

	屋里活动为主		走廊活动为主		弄堂或新村为主	
	N	％	N	％	N	％
市　区	378	70.5	30	5.6	128	23.9
郊　县	296	61.2	48	9.9	140	28.9
合　计	674	66.1	78	7.6	268	26.3

表 10 幼儿在家庭中的主要活动

	看电视、写字、画画等		搭积木、玩"娃娃家"		跑跑跳跳的体育活动	
	N	%	N	%	N	%
市　区	360	67.2	116	21.6	60	11.2
郊　县	252	52.0	109	22.5	124	25.6
合　计	612	59.9	225	22.0	184	18.0

　　由表 9 可知，多数幼儿在家庭中都是以室内为活动空间，这一方面体现了以独门独户为主的住房结构特点，另一方面也反映了当今一代家长的教养方式，对独生子女过多的保护常常把孩子紧闭在室内；此外，从表 10 可知，这些孩子在家庭中从事的主要是看电视、写字、搭积木等安静的活动，而以室外活动为主的幼儿，市区少于郊县，经统计检验（$X^2 = 39.2064$，$P < 0.01$），市区与郊县差异极为显著。户外活动少，对幼儿生长发育不能起到很好的促进作用。独生子女在家庭中进行个体活动多，群体活动只局限在幼儿园这段时间，容易使孩子缺乏与同伴之间的情感交流，不利于同伴之间的交往。他们不懂得应与别人友好相处，不懂得要与别人分享物品，"占有欲"严重膨胀，往往会产生不尊重别人，缺乏同情心，与他人的交往能力、语言表达能力得不到巩固和发展，也不利于培养幼儿勇敢、活泼开朗的个性品质和良好的心理素质，幼儿的身体素质、适应环境的能力也会受到影响。幼儿机体不停地新陈代谢，时刻需要补充营养、氧气，这些都需要血液循环来完成，而血液循环又要靠肌肉活动来促进，缺少必要的活动就不能充分发挥肌肉的作用，幼儿各器官的正常活动及幼儿的身心发育都受到影响；同时户外活动可获得天然营养，对幼儿的健康极为有利。所以我们应让幼儿多接触大自然，注意培养幼儿

合群的良好性格，使幼儿在幼儿园受到的良好教育在家庭中能得以巩固。此外，我们还应有意识地引导幼儿与别人友好相处。

表 11　幼儿吃东西前洗手的情况

	一直如此		经常如此		偶尔如此		从不如此	
	N	%	N	%	N	%	N	%
市　区	107	20	240	44.8	179	33.4	10	1.9
郊　县	71	14.7	219	45.2	179	36.9	16	3.3
合　计	178	17.4	459	45	358	35.1	26	2.5

由表 11 可知，多数幼儿在教师和家长的教育下，已养成了吃东西前先洗手的好习惯，但仍有约 2/5 的幼儿尚未养成，且郊县情况比市区严重，经统计检验（$X^2=6.7386$，$P<0.01$），市区与郊县差异显著。这主要同家庭生活习惯有关。一双手接触的东西越多，感染细菌的机会也就越多，如果吃东西前不洗手，就容易引起胃肠道疾病，如腹泻、肠道寄生虫病、肝炎等，这样会使食物的营养吸收受到影响，造成幼儿的食欲不佳，从而影响其身心的健康发展。要保证幼儿的营养，良好的饮食卫生习惯不容忽视。

四、小结

通过以上调查了解到，上海市幼儿饮食习惯、生活习惯主要存在以下几方面的问题：

1. 部分幼儿进餐速度过快，对幼儿的健康带来了不利因素。

2. 幼儿进餐时的行为表现普遍较差，边吃边看电视、边玩、边听故事、边讲话的现象严重，注意力分散，影响食欲和消化吸收。

3. 幼儿的进餐习惯存在两面性，仍有部分幼儿在家进餐需要依赖成人的喂食，在家庭中自理能力较差。

4. 幼儿吃零食现象严重，有一定数量的幼儿不适时地乱吃零食。

5. 幼儿的营养摄入不平衡，动物性食物摄入较多，对豆制品、蒜类等含有大豆蛋白、丰富的微量元素的食物摄入较少。

6. 幼儿的睡眠习惯普遍较差，晚睡晚起的幼儿居多。

7. 幼儿在家庭中主要进行安静活动，运动量较小，且活动空间主要以室内个体活动为主，户外活动时间少。

8. 幼儿吃东西前先洗手的情况欠佳，且郊县比市区情况更差。

关于影响幼儿营养水平因素的调查

吴锦骙

一、前言

营养对幼儿的发展有很大的影响。有关的研究资料表明，营养和幼儿的运动能力有着十分密切的关系：幼儿营养发展水平高，其运动能力亦强，反之，营养发展水平低，其运动能力也弱，两者具有显著性相关（$r=0.527$，$P<0.01$）；此外，营养与智力也有着密切的关系：营养好的幼儿，智力水平也高，营养不良的幼儿，智力水平也低，两者具有显著性相关（$r=0.393$，$P<0.05$）。但是，幼儿营养状况和自信心无关（$r=0.16$，$P>0.05$）。可见，营养是影响幼儿生长发育的一个重要的后天因素。国外的研究资料表明，如果幼儿在胚胎期营养不良，则大脑细胞的总数只有正常幼儿细胞数的 82%；如果出生前和出生后均营养不良，则大脑细胞总数仅达到正常细胞数的 40%；早期营养不良能使脑的细胞分裂期缩短，晚期营养不良能使每个脑细胞体积减小。可见，营养对幼儿智力的发展具有重要作用。上述研究阐述了营养对幼儿身心发展的影响，研究是以营养为自变量，幼儿的各项发展指标为因变量来展开的。本研究将变量关系进行了适当的调整，将幼儿营养水平作为因变量，探索影响幼儿营养的自变量有哪些，它们的作用又是怎样。也就是说，本研究要对影响幼儿营养的因素进行分析和研究。

二、方法

本调查采用整群抽样的方法。在本市的徐汇、静安、闸北、卢湾、杨浦、闵行等六区和青浦、川沙、南汇等三县的幼儿园中，抽取 20 个园的 1 021 名中班幼儿作为调查的对象，对他们出生时母亲的分娩、喂养方法，家长的文化程度、家庭类型、饮食习惯，幼儿的饮食习惯、食欲等情况进行调查，还对幼儿的营养水平和适应能力进行了相应的测定和评价。然后分析上述变量与幼儿营养、适应能力的相关程度。本调查采用世界卫生组织（WHO）推荐的身高体重标准作为反映幼儿营养状况的指标。

调查采用问卷法和评价法。经过训练的调查人员向家长阐明调查的目的和要求后，组织家长填写问卷，问卷经调查人员和该园教师复核后，汇总输入计算机进行统计分析。本调查共回收有效问卷 1 021 张，其中市区 535 张，郊县 486 张。所调查的男孩有 521 名，女孩有 500 名。

三、结果分析

本调查收集到的有关影响幼儿营养的变量可分成三个层次：第一个层次是有关幼儿早期的情况，如母亲分娩和喂养方法；第二个层次是有关幼儿的家庭情况，包括家庭类型，父母的文化程度、饮食习惯、教养方式等；第三个层次是有关幼儿的行为表现，包括幼儿的食欲、饮食习惯、进餐速度和适应能力等。

（一）幼儿早期情况和营养水平的关系

表 12 母亲分娩和幼儿营养的关系

		偏瘦		正常		偏胖		合计
		N	%	N	%	N	%	
分娩情况	足月	142	15.7	505	56.0	255	28.3	902
	不足月	19	16.1	70	59.3	29	24.6	118
合计		161		575		284		1 020

表 13 喂养方式和幼儿营养的关系

	偏瘦		正常		偏胖		合计
	N	%	N	%	N	%	
母乳喂养	103	16.4	342	54.5	183	29.1	628
人工喂养	58	14.8	233	59.4	101	25.8	392
合计	161		575		284		1 020

由表 12 可知,母亲的分娩情况和幼儿目前的营养水平并无太大关系。在足月的 902 名幼儿中,目前营养属正常的只占 56%,尚有 44% 的幼儿出现偏瘦或偏胖的现象,与不足月幼儿的比率较接近,统计检验结果表明,两者差异不显著 ($X^2 = 0.725$,$P > 0.05$)。说明出生时不足月的幼儿,由于家长采取有效的补偿措施,使他们的营养达到了较高的水平;而出生时足月的幼儿也会因为后天的措施不得法,而出现营养不良的现象。可见,幼儿出生的情况不是影响其营养水平的因素。

此外,我们还发现,表 13 和表 12 有相似之处,母乳喂养和人工喂养的幼儿营养水平无显著性差异 ($X^2 = 2.44$,$P > 0.05$)。人工喂养的幼儿达到正常营养的人数比率略高于母乳喂养的幼儿,可能是由于母乳喂养对幼儿的近期作用较大，而远期效应不太突出。可见，幼儿出生时的喂养方法对其营养水平影响也不大。

综上分析可见，幼儿早期喂养和母亲分娩情况对其营养水平虽具有一定的作用，但并不明显，它们不是制约幼儿营养水平的重要因素。

（二）家庭环境对幼儿营养水平的影响

鉴于调查资料的内容，我们从家庭的类型，家长的文化水平、饮食习惯以及教育行为四个方面来分析家庭环境对幼儿营养水平的影响。

1. 家庭类型和幼儿营养水平的关系

本研究将被调查幼儿的家庭类型分为四种：隔代家庭、单亲家庭、三代家庭和核心家庭。隔代家庭是指幼儿和祖父母或外公、外婆生活在一起，而父母不在身边的家庭；单亲家庭是指由于某种原因，如父母离异或一方病故，幼儿和父母中的一方生活在一起的家庭；核心家庭是指父母和子女生活在一起的三人小家庭；三代家庭是指父母及其上一代与幼儿一起生活的大家庭。幼儿营养和家庭类型的关系见表 14：

表 14　幼儿营养与家庭类型的关系

	偏　瘦		正　常		偏　胖		合　计
	N	％	N	％	N	％	
隔代家庭	3	17.6	8	47.1	6	35.3	17
单亲家庭	10	13.7	41	56.2	22	30.1	73
核心家庭	70	16.0	245	56.1	122	27.9	437
三代家庭	78	15.8	281	57.0	134	27.2	493

由表 14 可知，生活在不同类型家庭的幼儿的营养水平比较接近，正常和偏胖、偏瘦的人数比率并无太大的差别。由于生活在

隔代家庭的幼儿人数较少，其比率数只作参考。统计检验结果表明，不同家庭类型的幼儿的营养无显著性差异（$X^2=1.12$，$P>0.05$）。可见，家庭类型也不是影响幼儿营养的重要因素。

2. 家长的文化水平和幼儿营养水平的关系

本调查将父亲和母亲的文化程度与幼儿的营养水平做双变量分析，结果发现，父母的文化水平越高，幼儿营养水平达到正常范围的人数比率也越高；父母的文化程度越低，幼儿营养正常的人数比率也越低。而且父亲的文化程度对幼儿营养的影响比母亲更大些。但是文化程度不同的父母，其子女的营养水平尚无显著性差异（$X^2_父=10.35$，$P>0.05$；$X^2_母=5.22$，$P>0.05$）。由此可见，家长的文化水平对幼儿营养的影响并不是很大。

3. 家长的饮食习惯和幼儿营养水平的关系

本调查对父母的饮食情况进行了分类统计，将其分成严重挑食，即父母有许多菜不吃；有挑食现象，即父母只有个别菜不吃；基本不挑食，即父母只有个别菜少吃；不挑食，即父母从不挑食、偏食。分别统计父亲和母亲的饮食习惯和幼儿营养发展水平的关系，结果见表15、16：

表 15　父亲的饮食习惯与幼儿营养的关系

	偏 瘦		正 常		偏 胖		合 计
	N	%	N	%	N	%	
严重挑食	6	*	19	/	3	/	28
有挑食现象	22	16.8	64	48.9	45	34.4	131
基本不挑食	42	14.0	179	59.5	80	26.6	301
不 挑 食	91	16.2	313	55.9	156	27.9	560

　*注：由于严重挑食的父亲人数与其他各类相差较大，统计率无意义，故不统计比率数。

表 16　母亲的饮食习惯与幼儿营养的关系

	偏　瘦		正　常		偏　胖		合　计
	N	％	N	％	N	％	
严重挑食	3	*	14	/	2	/	19
有挑食现象	49	19.6	137	54.8	64	25.6	250
基本不挑食	48	14.6	192	58.5	88	26.8	328
不 挑 食	64	14.5	246	55.6	132	29.9	442

＊注：情况与表 14 相同。

　　由表 15、16 可知，父母若不挑食，其子女中达到营养正常的
人数比例则相应也较高。父亲的饮食习惯与幼儿的营养水平有关
系，但是尚未达到显著的程度（$X^2 = 8.98$，$P > 0.05$）。母亲的饮
食习惯与幼儿的营养水平关系十分密切，不同饮食习惯的母亲其
子女的营养水平有极显著性差异（$X^2 = 47.16$，$P < 0.01$）。由此可
见，父母的饮食习惯，这里主要是指父母的挑食情况，与幼儿的
营养水平有直接的关系，而且母亲的关系更为密切。

　　此种情况产生的原因可能是,幼儿对父母依恋作用的结果。我
们知道，幼儿是通过父母来接受社会行为准则的，常常从观察模
仿父母的行为而获得信息,而且对于接近的亲人的模仿性更大些。
在家庭中，幼儿与母亲的接触时间比父亲长，机会也比父亲多，一
般幼儿进餐都跟随在母亲的身边，所以他们对母亲的行为模仿得
更多，受母亲的习惯的影响更大。因此，母亲的饮食习惯对幼儿
的饮食习惯，甚至营养水平的作用较为明显。另外一项统计资料
也可以作为佐证，见表 17：

表 17 父母挑食和子女挑食的关系

父母 \ 子女	挑食 N	挑食 %	不挑食 N	不挑食 %	合计
父母都挑食	31	41.9	43	58.1	74
父亲挑食	33	35.5	60	64.5	93
母亲挑食	66	36.1	117	63.9	183
父母都不挑食	175	26.1	495	73.9	670
合计	305	29.9	716	70.1	1 020

由表 17 可知,在父母都挑食的家庭中,子女挑食的比率最高,达 41.9%;在父母都不挑食的家庭中,子女挑食的比率最低,不挑食的比率最高。这些数据从另一个侧面再次证明,父母的饮食习惯是影响幼儿行为的一个重要变量。

4. 父母的教育行为与幼儿营养水平的关系

通过调查发现,当幼儿的饮食习惯产生偏差时,如出现挑食、偏食、厌食等问题,观念不同的父母会采取截然不同的教育方式。现将其归为四类,即打骂、哄骗许愿、讲道理予以纠正、随他去不加管教。这四种教育方式与幼儿的营养发展水平有一定的关系,但是尚未达到显著的程度($X^2 = 10.05$,$P > 0.01$)。因此我们认为,家庭的教育方式并不是影响幼儿营养水平的重要因素。

表 18 父母教育方式与幼儿营养水平的关系

	偏瘦	正常	偏胖	合计
打骂	10	24	10	44
哄骗	36	126	43	205
讲道理	108	394	213	715
随他去	5	31	18	54

（三）幼儿自身的行为与营养水平的关系

本调查是从幼儿的食欲、饮食习惯、吃饭速度、吃零食次数和适应能力等几个方面和其营养水平的关系上进行分析的。

1. 幼儿食欲、进餐速度和营养水平的关系

表 19 幼儿食欲和营养水平的关系

	偏瘦	正常	偏胖	合　计
很　　好	5	33	36	74
好	37	141	96	274
一　　般	102	351	137	590
不　　好	14	46	15	75
很 不 好	3	4	0	7
合　　计	161	575	284	1 020

表 20 幼儿吃饭速度和营养水平的关系

	偏　瘦		正　常		偏　胖		合　计
	N	%	N	%	N	%	
15 分钟以内	26	10.5	145	58.7	76	30.8	247
15～30 分钟	99	16.2	341	55.8	171	28.0	611
30 分钟以上	34	24.1	81	57.4	26	18.4	141
合　　计	159		567		273		999

由表 19 可知，食欲好的幼儿，偏胖的多而偏瘦的少；相反，食欲不好的幼儿偏胖的不多。食欲好的幼儿达到正常营养水平的人数比率（51.5%）比食欲一般的幼儿少（59.5%）。分析原因，可能是食欲好的幼儿，由于营养摄入量过多，开始向肥胖方向发展的缘故。统计结果表明，不同食欲的幼儿，其营养发展水平具

有十分显著的差异（$X^2=38.3$，$P<0.01$），表明食欲是影响幼儿营养水平的一个非常重要的因素。

由表 20 可知，进餐速度对幼儿的营养水平有一定的影响，进餐速度在 15 分钟以内的幼儿达到营养的正常比率最高。不同进餐速度的幼儿，其营养水平具有十分显著的差异（$X^2=16.00$，$P<0.01$）。进餐速度快的幼儿偏胖的多，偏瘦的少；进餐速度慢的幼儿偏瘦的多，偏胖的较少。幼儿吃饭速度慢，是由于受到食欲不好、吃饭时注意力分散、吃饭技能差等原因的影响，一定程度上也影响了他们的营养摄入和吸收。上述分析表明，幼儿的吃饭速度与其营养水平有关。

2. 幼儿的饮食习惯、吃零食次数与营养水平的关系

表 21　幼儿的饮食习惯和营养水平的关系

	偏　瘦		正　常		偏　胖		合　计
	N	%	N	%	N	%	
独立完成	94	13.3	419	59.3	193	27.3	706
需别人喂	48	21.1	108	47.6	71	31.3	227
不能完成	19	21.8	48	55.2	20	23.0	87

表 22　幼儿吃零食次数和营养水平的关系

	偏　瘦		正　常		偏　胖		合　计
	N	%	N	%	N	%	
较多（4 次以上）	21	15.1	80	57.6	38	27.3	139
一般（2～3 次）	74	16.4	253	56.1	124	27.5	451
较少（1 次）	31	13.8	123	54.7	71	31.6	225
没有	35	17.1	119	58.1	51	24.9	205

由表 21 可知,幼儿的饮食习惯对其营养水平有明显的影响,经统计检验($X^2=14.89$,$P<0.01$),二者具有显著性差异。自己独立完成进餐的幼儿的营养总体水平最高,正常达标者最多,偏胖和偏瘦的都较少;而要大人喂和不能吃完的幼儿都有较高比例的偏瘦者,前者正常达标率最低(47.6%)。需要指出的是,这里仅仅统计了幼儿在家庭中的进餐情况,这些幼儿在幼儿园里吃饭情况都较好,这样保证了他们有一定的营养摄入量,如果除去幼儿在园进餐的有利条件,可能在三种进餐情况下,幼儿的营养水平差异将会显得更为突出。可见,幼儿的营养水平和进餐习惯极为相关。

由表 22 可知,不吃零食的幼儿正常达标率最高(58.1%),但是与吃零食较多的幼儿的差异并不大。分析原因,可能是调查时对零食的概念和每次吃的量未做严格界定,从而带来统计结果的模糊性,就资料的检验结果来看,幼儿吃零食的次数多少和营养水平关系不大($X^2=2.99$,$P>0.05$)。

3. 幼儿的适应能力和营养水平的关系

本调查对幼儿适应能力的评价是采用上海市教科所编制的幼儿适应能力评定量表和常模。该量表将幼儿适应能力分成对气候的适应、对气温的适应、身体抵抗力以及外出活动四种情况。我们将评价结果以好、中、差三类进行评定后和幼儿的营养水平做相关分析,结果见表 23、24。

表 23　幼儿气候适应和营养水平的关系

		偏瘦	正常	偏胖	合计
气候适应	好	59	224	140	423
	中	76	269	115	460
	差	25	82	29	136
合计		160	575	284	1 019

表 24　幼儿的外出活动能力和营养水平的关系

		偏　瘦	正　常	偏　胖	合　计
外出活动	好	64	262	156	482
	中	86	279	121	486
	差	10	34	7	51
合　计		160	575	284	1 019

由表 23、24 可知，幼儿的气候适应能力和营养水平有关（X^2 = 10.85，$P<0.05$）。幼儿的外出活动能力和营养水平极为相关（X^2 = 14.0，$P<0.01$），而另外的统计资料表明，幼儿对气温的适应能力、身体的抵抗能力和营养水平无关（X^2 = 1.59，$P>0.05$；X^2 = 1.604，$P<0.05$）。

四、小结

1. 幼儿的早期喂养方式和母亲的分娩情况与其营养发展水平并无太大关系。

2. 在与幼儿有关的家庭诸因素中，家庭类型与营养水平无关；父母的文化程度、教育方式对营养水平有一定的作用，但是不显著；父母的饮食习惯，特别是母亲的饮食习惯对幼儿的营养水平有明显的影响。

3. 幼儿自身的行为表现，如食欲、饮食习惯和吃饭的速度都是影响其营养水平的重要因素。幼儿的适应能力中的气候适应性和户外活动能力和营养水平明显相关，对气温的适应和身体抵抗力与营养水平关系不大。可见适应能力是与幼儿营养水平有关的因素。

关于提高体弱幼儿健康水平的研究

姚蓓喜

一、目的和意义

随着社会的发展，人们的生活水平和保健水平日益提高，幼儿的健康状况也随之有所改善。然而，每年托幼机构体格检查时常会有一批体弱幼儿，他们的健康状况不佳，生长发育水平低下，抵抗能力差。在这些幼儿中，有的轻度或重度营养不良，有的经常发生呼吸道感染或肺炎等疾病。

幼儿体格发育水平的高低，不仅反映幼儿的健康状况，而且反映一个国家的经济、文化、社会发展的水平。然而，幼儿的健康状况与合理的营养、疾病的防治、健康教育有着密切的关系。

如何将保育和教育相结合，实施科学育儿，开展健康教育，转化体弱幼儿，促进每一个幼儿的健康成长，是一项值得研究和探讨的课题。

为此，我们从 1991—1996 年，通过调查研究，分析造成体弱幼儿的原因，利用保育和教育相结合的综合因素，寻求促进体弱幼儿健康的途径和方法，为有效提高体弱幼儿的健康水平做了一些探讨和尝试。

二、对象和方法

（一）对象

1. 体弱幼儿的范围

我们在参考了《上海市儿童保健工作常规》的基础上，确定了本研究中体弱幼儿的范围。

（1）营养不良

①诊断标准：轻度——按体重/年龄<P10，按体重/身高<P10；重度——按体重/年龄<P3，按体重/身高<P3。

②好转标准：按体重/年龄<P10 或者按体重/身高<P10。

③结案标准：达到好转标准后再随访三次合格（每月一次）。

（2）缺铁性贫血

①诊断标准：轻度——血色素为 9~10.9 克；中度——血色素为 6~8.9 克；重度——血色素为 3~5.9 克。

②好转标准：血色素>11 克。

③结案标准：两次化验达到好转标准，半年复查一次。

（3）反复上呼吸道感染、肺炎

①诊断标准：上呼吸道感染每年 10 次以上，肺炎发病每年两次以上。

②好转标准：上呼吸道感染每年 4 次以内，病情较轻，肺炎不发。

2. 体弱幼儿的年龄和人数

我们将 1989—1993 年中福会托儿所入托体检时查出的体弱幼儿作为对象。

（1）年龄

研究对象的年龄为 2~4 岁。

（2）人数

①营养不良 34 名。

②缺铁性贫血 75 名。

③反复上呼吸道感染、肺炎 30 名。

（二）方法

1. 问卷法

向家长调查幼儿出生后的健康情况和父母的健康情况。

2. 个案记录

保教人员观察并记录体弱幼儿每月的饮食、睡眠、大小便和精神状态等。

3. 膳食调查

每月一次，计算幼儿食物和营养的摄入量与体弱幼儿的饮食量比较。

4. 体格检查

每月一次，测量体弱幼儿身高、体重，作为反映现时营养状况的指南。

5. 血色素测查

初查后三个月复查。

6. 发病率的统计

根据幼儿的发病情况做病史记录。

三、结果和分析

（一）结果

经过五年的研究，我们高兴地看到，在教师和家长、保健员和营养员的共同配合下，经过六个月～一年的时间，体弱幼儿的转化成效明显。

1. 体弱幼儿与正常幼儿每日主要食物摄入量的比较

入所前，体弱幼儿每日各种食物的摄入量明显少于正常幼儿的摄入量,经统计检验,差异极其显著;入所半年后,体弱幼儿的谷类、荤菜、蔬菜摄入量略低于正常幼儿,其他食物,如豆制品、牛奶、水果均达到正常幼儿每日的摄入量,经统计检验,无显著性差异。

2. 体弱幼儿入所前后的体格评价比较

我们通过对体弱幼儿测定身高、体重,然后用体重/年龄和体重/身高两个指标来进行幼儿体格评价,34 名体弱幼儿入所前后的体格发育比较差异极其显著。

入所前体格评价:<P3 为 8 名,<P10 为 26 名,>P10 为 0。

入所半年后体格评价:<P3 为 1 名,<P10 为 3 名,>P10 为 30 名。

入所一年后体格评价:<P3 为 0,<P10 为 0,>P10 为 34 名。

说明 34 名体弱幼儿经过一年的培养和护理,体格发育全部达到合格。

3. 体弱幼儿入所前后血色素指标的比较

我们对 75 名体弱幼儿的血色素进行了测定,入所前血色素测定结果:8~8.9 克为 2 名,9~9.9 克为 6 名,10~10.9 克为 67 名;半年后测定血色素结果:11~11.9 克为 37 名,12~12.9 克为 28 名,13~14 克为 10 名,另外游离红细胞卟啉检查全部合格,说明贫血儿全部达到正常,而且没有一名幼儿存在隐性贫血的可能。

针对部分幼儿患有缺铁性贫血,我们认为铁的吸收利用与平衡膳食有关,受膳食组成的成分影响较大,而且与三大营养素供热比例有关,因此我们采用食物疗法纠正贫血,效果是非常显著的。

4. 体弱幼儿发病率的比较

经调查,体弱幼儿入所前上呼吸道发病次数为每年 11.8 次;

入所半年内上升至 15 次，一年后为 7 次，一年半为 5 次，两年为 4 次。哮喘病儿入所前发病次数为每年 13 次；入所半年后为 12 次，一年后为 8 次，一年半为 5 次，两年为 4 次。

说明入所前后，体弱幼儿发病率明显减少。

（二）分析原因

1. 先天和遗传因素

（1）先天不足，早产儿、足月小样儿。

（2）有关研究表明，幼儿的身高、体重与其父母的身高、体重有显著性相关。本文的调查结果也证实了这一观点，由于父母身高、体重偏低，对子女有一定程度的影响。

2. 因疾病引起

（1）幼儿因经常腹泻或反复呼吸道感染，影响了对食物的消化吸收和利用。

（2）有的幼儿是微量元素（锌）及维生素 C 的缺乏者，还有的幼儿缺铁、缺钙。

3. 饮食不合理

（1）饮食结构不合理：据调查，体弱幼儿的膳食中除牛奶、水果高于正常标准，其他谷类、荤菜、蔬菜、豆制品摄入量不足，蛋白质、脂肪、碳水化合物三大营养素的比例也不合理。

（2）饮食习惯差：体弱幼儿普遍存在挑食、偏食和吃零食的习惯。他们不爱吃饭，经常吃零食，吃饭无固定的时间、地点，喜欢的多吃些，不爱吃的一口也不吃。

4. 与睡眠不足有关

（1）睡眠时间不足：据调查，不少体弱幼儿不睡午觉，晚上睡得迟，睡眠时间不足。

（2）睡眠习惯差：有的体弱幼儿出汗多，好踢被，易感冒，此外还有睡眠哭闹等习惯。

5. 因活动量不适当引起

（1）活动量过大：据调查，有的体弱幼儿顽皮、好动，活动量大，因而体能消耗也大。

（2）活动量太小：有的体弱幼儿性格内向，脾气倔强，好静不好动，活动量小，活动内容单一，从而影响了消化和吸收。

6. 与家长的教育有关

有的家长认为，孩子现在长得矮小无关大局，长大自然会好的；有的家长对孩子不吃不睡、经常生病的状况缺少办法，束手无策。

（三）提高体弱幼儿健康水平的对策

通过调查，了解现状，分析原因，寻求对策，抓住关键，落实措施，使体弱幼儿的健康水平得到提高。

1. 全员关心，合理管理

我们将体弱幼儿的管理作为一项重要的工作内容，全所动员，各负其责，保教结合，共同管理。所长全面关心体弱幼儿的生活、保健、护理、治疗、教养工作；保健员负责体弱幼儿的保健、卫生，对症治疗，指导保教人员开展护理、专案记录等工作；保教人员定员管理，每天及时观察、记录体弱幼儿的饮食、睡眠、大小便、情绪、健康等状况；营养员配制营养丰富、比例适当的膳食，促进体弱幼儿的健康成长。

2. 科学地调整体弱幼儿的膳食

幼儿正值生长发育最为迅速的时期，除了遗传等先天因素外，影响幼儿生长发育的后天因素中较主要的一种因素就是营养，营养的供给必须与幼儿生长发育过程的变化相适应，否则就会导致营养不良和各种营养缺乏病。

通过调查我们了解到，体弱幼儿每日主要食物的摄入量（除牛奶、水果外）均未达到正常量。幼儿营养不良、能量不足会影响生长发育。因此我们设计了体弱幼儿的食疗方案，即在原有基础上，逐步增加摄入量，争取三～六个月后营养逐步趋于平衡。具体做法是：开学第一周维持原量，减少牛奶、水果量；第二周开始在原有基础上增加荤菜量；第三周增加蔬菜量；第四周增加谷物量；第五周增加豆制品量；第六～七周使幼儿荤菜、蔬菜、豆制品、水果、牛奶摄入量均达到正常量；第八周使荤菜、水果量高于标准量。以后逐步添加，添加量以幼儿适量为宜，半年后达到正常量。我们认为，幼儿膳食摄入的数量和质量直接影响幼儿的生长发育。虽然在每月全所的营养调查中，幼儿整体人群中营养素的平均摄入量较高，但并不能说明每一个体的营养摄入水平也较高。根据调查，有 60％的体弱幼儿热能的摄入量低于 RDA 的 80％，有 30％的体弱幼儿蛋白质的摄入量低于 RDA 的 80％。因而评价幼儿总体的营养状况时，还应结合个体的营养水平，只有这样才能正确地反映出存在的问题，切实提高幼儿的整体营养水平。

3. 保教结合，根据幼儿的进餐心理，创设良好的进餐环境，培养良好的进餐习惯

（1）幼儿的进餐心理

2～4 岁的幼儿活泼好动，有强烈的求知欲和好奇心，对新鲜事物非常敏感而易产生兴趣。因此对食品的味道、色彩及形态都很注意，他们喜欢集体进食，并易受成人和周围环境的影响。

幼儿喜欢吃新鲜、松软、切得较细，营养丰富而便于消化，易于咀嚼、色彩丰富、形状可爱的食物。对幼儿不喜欢吃的食物，不要强迫他们吃，这样不但会引起胃肠道的不良反应，而且还会造成幼儿很长一段时间对这种食物反感，甚至拒食。要慢慢引导，先让他们看别人吃，然后少量品尝，使他们对这种食物慢慢产生好感，进而喜欢吃。

（2）创设一个良好的进餐环境

进餐是一种愉快的享受，饭前应避开一切不愉快的事情，消除紧张和忧虑的心理状态，唤起幼儿的食欲，使消化液的分泌量增多，食物的消化和吸收完全。

我们为幼儿提供了空气新鲜、卫生整洁、光线柔和、环境优雅、秩序良好、宽松愉快的进餐环境，使幼儿保持良好的情绪。进餐中教师亲切的语言、和蔼的态度，有助于体弱幼儿愉快地进餐。同时在进餐中耐心诱导，引起幼儿对食物的兴趣，保持愉快的进食情绪，结束前帮助指导，有利于体弱幼儿提高食欲，增加进食量，促进对食物的消化和吸收。我们发现，选择旋律优美、动听，节奏舒缓，音量不大的轻音乐与幼儿进餐时的生理节奏合拍，能起到增强食欲、帮助消化的作用。

（3）培养幼儿良好的进餐习惯

首先培养幼儿正确的用餐姿势，其次，用少盛多添的办法培养幼儿不挑食的好习惯。同时鼓励幼儿吃各种食物，并及时加以表扬，以调动幼儿用餐的积极性。

由于食物的品种逐渐增多，体弱幼儿摄入量逐步增加，使幼儿获得了合理、科学的营养，促进了体弱幼儿身高、体重的增长和血色素的增加。

4. 保证户外活动时间和质量，促进幼儿的健康

根据体弱幼儿的特点，在一日活动中，不仅要让他们吃得好，睡得好，更重要的是让他们参加户外活动，开展体育锻炼，增强体质，促进其生长发育。具体做法是：

（1）保证每天有三小时的户外活动时间。

（2）活动量由小到大逐渐增加，并要达到锻炼的目的。

（3）根据幼儿的个性特点，适当增减运动量，保证幼儿的健康。

（4）利用自由活动时间，教师与幼儿共同游戏，充分调动幼

儿活动的积极性。鼓励幼儿自发地开展活动，以达到促进健康的目的。

5. 有计划地开展幼儿健康教育

世界卫生组织指出，健康的概念不仅仅是指没有疾病和不虚弱，而且是指生理的、心理的、社会的、道德的完全良好状态。因此今天的健康无论是内涵或外延都比以前有所扩大。为了提高幼儿的健康水平，幼儿健康教育已成为保教结合的一个重大课题。我们在转化体弱幼儿的过程中，有计划地开展幼儿健康教育。

（1）幼儿健康知识教育

运用故事、儿歌、谈话等形式，对幼儿进行卫生知识、营养知识、自我保护常识的教育。

（2）幼儿健康行为训练

利用一日生活的各个环节，有计划地开展生活卫生行为训练和安全活动教育。

通过健康知识教育和健康行为训练，不仅有利于幼儿的生长发育，而且增强了幼儿的抵抗能力，降低了发病率和事故率。

6. 家园同步，形成有利于幼儿健康的大环境

开展健康教育，提高体弱幼儿的健康水平，关键在于环境和教育这两个方面。为此我们经常向家长进行宣传，使家长认识幼儿健康教育的重要性，自觉自愿地参与管理工作，家园同步，形成有利于幼儿健康的大环境，从而使体弱幼儿的转化工作顺利进行。

总之，幼儿健康教育有利于促进幼儿的健康成长，这是教育与保育、营养与锻炼、保健与护理相结合的综合性的课题。由于健康教育是自然科学和社会科学相互渗透的一门边缘科学，其理论根据来源于医学、社会学、教育学、心理学、卫生学、统计学，涉及的面比较广，因此，在这个领域中还有许多理论与实践问题有待于我们进一步的探讨。

幼儿园带量平衡食谱的研究与实施

静安区幼儿带量平衡食谱课题组 [*]

一、目的与意义

我国著名营养专家、中国学生营养促进会会长于若木女士曾说过:"调整食物结构,使儿童健康成长,老年人安度晚年,成年人精力充沛地从事创造性劳动。"《幼儿园工作规程》(以下简称《规程》)也要求我们"为孩子提供平衡膳食"。因此,合理营养、平衡膳食是人一生健康的物质基础。而目前,幼儿膳食管理工作还具有很大的盲目性。尽管各园都有每周膳食计划,但由于管理者缺乏营养知识,膳食结构不尽合理,采用的营养分析方法又是一种终结性的评价,属于"吃了再算"的模式。因此往往是辛苦了一个月,结果营养分析仍达不到平衡膳食的要求,不是蛋白质摄入太高,就是脂肪摄入过量或者热量偏低,而且营养分析是用手工计算的,计算过程繁杂,花费时间长,稍不留意就会出现差错。虽然引进了营养电脑软件进行计算,运算速度快了,正确率也高了,但幼儿营养工作仍存在"两高一低"(高蛋白、高脂肪,低热量)的现象。同时还发现幼儿膳食中部分矿物质和微量元素摄入量严重不足,尤其是钙的摄入量仅占供给量的 30%~40%,视黄醇摄入量随季节变化时多时少,锌的摄入量也难以达到标准。

为了提高幼儿的身体素质和幼儿园膳食管理的质量,让幼儿

---

[*] 课题组成员:赵 敏、杨文庆、王美晟、黄嫣娉、朱克令、林正正。

吃得好、吃得科学，课题组从"算了再吃"的角度出发，以儿童营养学、生理学、管理学为依据，在专家的指导下，借助营养电脑软件进行数据分析，研制了一套适合四季使用的45份《每周幼儿带量平衡食谱》(以下简称《带量平衡食谱》)，即幼儿平衡膳食的科学配方。从而较好地解决了幼儿园膳食管理中存在的究竟给幼儿"吃什么、怎样吃、吃多少"的问题。两年来，通过11所幼儿园的2 000多名幼儿的使用，充分证明《带量平衡食谱》中提供的食物品种和数量均能被幼儿愉快接受。营养分析显示，每周幼儿摄入的各营养素均能达到平衡膳食的要求，且矿物质(包括微量元素)也能达到要求。同时由于带量平衡膳食以基本食谱为框架，为制定膳费标准提供了依据，只要加强管理，膳费使用基本能掌握到盈亏2%左右的要求，从而使幼儿园的营养工作更具科学性和合理性。两年来通过对《带量平衡食谱》的实施及总结，使我们进一步认识到搞好幼儿带量平衡膳食的深远意义。

(一)《带量平衡食谱》的使用能促进幼儿的健康生长

《儿科学》一书指出，营养对正在生长发育中的幼儿尤为重要。幼儿期是脑发育的关键期，营养与脑的发育密切相关。幼儿的新陈代谢旺盛，随着生理、心理的发展，幼儿活动量明显增加，需要摄取相当数量的食物，以供给其构成身体组织所必需的物质和能量的消耗。另外，幼儿的独立性、自主性开始萌发，对周围事物开始要求"自决"，幼儿会出现挑食、偏食的现象，如果没有引起重视将会产生由于某种营养素缺乏所致的疾病，如贫血、营养不良或出现营养素过剩，产生肥胖现象。

《带量平衡食谱》为幼儿提供的膳食能达到全面(食物中包括各种营养素)、平衡(各种营养素保持一定的比例)、适量(各种营养素的数量既不欠缺又不过量，且幼儿能接受)的要求，是保证幼儿健康成长的一项重要措施。

（二）《带量平衡食谱》的使用能促进幼儿养成良好的饮食习惯

幼儿园承担着保育和教育的重任。《带量平衡食谱》不仅使幼儿的饮食合理、科学，为幼儿的生长发育提供了物质基础，而且在使用过程中注意科学的膳食调配：注意建立合理的膳食制度；注意使用多种烹调方法；注意创设温馨的进餐环境，以适应幼儿求新求异的就餐心理需要和消化吸收的生理需要，并通过生动形象、形式多样的餐前教育，使幼儿从小懂得一些粗浅的营养知识，提高营养方面的自我保护能力，能有效地纠正幼儿偏食、挑食的不良习惯，对他们一生的健康都是有益的。

（三）从长远的角度看，《带量平衡食谱》的使用能提高本民族的膳食质量

不仅幼儿期需要平衡膳食，而且对人的一生来说，每个阶段都需要合理的平衡膳食。近年来随着改革开放的不断深入，人民的生活水平不断提高，餐桌上的食物越来越丰富，但"水能载舟，亦能覆舟"，营养不良（营养失调或营养过剩）会引起众多的疾病。因此，饮食必须有科学的理论加以指导才能既饱口福又能强健身体，甚至可以防病治病。《带量平衡食谱》既符合营养原则，又注意及时采纳营养研究的新成果，重视了钙和微量元素及各种营养素的合理摄入，并力争花较少的钱达到最优化的营养结构，符合中国国情。

二、编制《带量平衡食谱》

《带量平衡食谱》适合在开设一餐两点的全日制幼儿园集体食堂使用，是一份能满足幼儿对能量和各种营养素需要而编制的每周平衡膳食科学配方，包括食物种类、数量及烹调方法，是"算了再吃"的新的膳食管理模式。

（一）编制《带量平衡食谱》的原则

1. 科学性原则

科学性原则是指科学配膳、科学烹调、科学的营养指标。

（1）科学配膳，即通过优化组合使营养合理、平衡、适量

自然界的各种天然食物，是为人类提供营养的巨大宝库：五谷杂粮是能量的主要来源；禽、肉、鱼、蛋等动物性食物和豆类，可提供优质的蛋白质；新鲜蔬菜、水果则含有丰富的维生素和矿物质；食用脂肪能补充能量和各种脂溶性维生素。以上四大类食物各具特点，不能互相代替。合理搭配各种食物能扬长避短，提高食物的生理价值，发挥 $1+1>2$ 的最大营养效应。例如，谷类食物缺乏蛋氨酸和苯丙氨酸，谷类和豆类同时食用，就能使几种人体所必需的氨基酸同时被消化吸收，组成机体蛋白质。所以我们在编制食谱时，就将豆类及豆制品少量多次投放于膳食中，既提高了营养价值，又可以使幼儿愉快地进餐。总之，在食谱的编制过程中，我们力争做到米面搭配、荤蔬搭配、粗细搭配、干稀搭配、甜咸搭配，使搭配更合理，营养更全面。

（2）科学烹调是保证计划膳食能够落实的一个重要方面

根据幼儿消化吸收功能及各种食物的营养特点，选择科学的烹调方法和制作方法，尽量减少烹调过程中营养素的损失。在制订食谱时，我们就考虑多采用清蒸、红烧等烹调方法，少采用油炸的方法，使幼儿能从定量的食物中获得尽可能多的营养素。另外，注意使烹调方法经常处于动态变化之中，以便使食物对幼儿产生新的刺激，使幼儿的大脑食物中枢保持一定的兴奋度，促进幼儿的食欲和消化，让"吃"成为幼儿生活中的美好享受。在管理上，我们以幼儿餐桌上食物的色、香、味、形俱佳作为烹调考核标准。

（3）科学的营养指标

44

①营养全面：除考虑碳水化合物、脂肪、蛋白质三大营养素的摄入量及合理的比例外，还充分注意到常量元素、微量元素的合理投放，使蛋白质、脂肪、碳水化合物、矿物质、维生素和水等各种营养素在一日膳食中都保持合适的比值。

②比例合适：A. 每周膳食中热量的摄入量占供给量的85%～95%以上，蛋白质的摄入量占供给量的85%以上；B. 三大营养素热量占总热量的百分比分别为：蛋白质12%～15%，脂肪25%～30%，碳水化合物50%～60%；C. 蛋白质、脂肪、碳水化合物的比例为1：1：5；D. 动物蛋白质加豆类蛋白质占总蛋白质的50%；E. 动物性食物及豆类供给的热量占总热量的20%；F. 维生素及矿物质的摄入量均在标准供给量的2/3以上。

2. 合理性原则

根据幼儿营养需要量及家长的经济承受能力，在使用经费时做到精打细算，力争收支平衡，让有限的经费发挥最大的效用。

(1) 收费标准合情合理

以幼儿对营养的基本需求量和食品的市售价格为依据，使用这套食谱暂定为每人每天3.50元，包括课间牛奶和饼干、午餐、下午点心和餐后水果，达到了一级膳食标准。

(2) 使用经费精打细算

根据时令和价格选择食物品种，钱要花得合理，该省的要省，该花的也要舍得花。

(3) 投放食物的数量合理

应充分考虑到幼儿消化功能以及对食物的可接受性，投放食物的数量既要达到营养的要求，又要让幼儿愉快进餐，尤其是控制了纯热量的糖和油的投放量，同时要求在具体操作时，根据当天幼儿的出勤率，合理投放食物的数量，避免浪费。

3. 季节性原则

为了使幼儿能从合理安排的平衡食谱中获得充分的营养，满足和促进他们生长发育的需要，我们根据季节特点进行了精心的安排。

春季：户外活动机会增多，活动量增加，为了满足幼儿身体的生长发育对钙的需求，我们尽量多安排一些含钙高的食物，牛奶的供应量也从 100 克增加到 120 克。

夏季：天气炎热，幼儿出汗多，易造成体内水溶性维生素的损失，又因睡眠时间相对减少，幼儿胃纳较差，所以我们在夏季膳食中增加了富含维生素 B 和维生素 C 的食物，适当增加了新鲜绿叶蔬菜的供应量，注意提高汤的质量，牛奶的供应量增加到人均 140 克，同时适当减少了粮食的投放量。

秋季：天气干燥，幼儿容易嘴唇干裂，鼻腔干燥易出鼻血，内热较重，我们就多安排一些萝卜、熟荸荠、山药、芋艿等清凉食物。

冬季：幼儿活动量相对减少，但为了抵御寒冷，自身热能消耗增多，幼儿食欲较好，我们尽可能多地为幼儿提供一些健脾补血的食物。

4. 弹性原则

应充分考虑幼儿的心理因素，教养结合，运用的对策要有弹性。

刚开学的一段时间，陌生的生活环境往往会影响幼儿的食欲，而部分幼儿挑食、偏食的不良习惯也需要一段时间的教育予以纠正。因此允许营养素逐渐达到要求，食物的数量在安排上也可以逐渐增加。对幼儿不愿吃但营养价值高的食物，如猪肝、胡萝卜等可以采取逐步增加供给量的方法，避免幼儿对进餐产生惧怕心理。

（二）编制《带量平衡食谱》的步骤（略）

三、《带量平衡食谱》的实施

通过两年多的实践总结，我们认为，要使《带量平衡食谱》能在幼儿园实施推广，必须从以下几个方面着手。

（一）积极做好前期准备工作

1. 加强宣传，提高认识

要从素质教育的高度重新认识幼儿营养工作的重要性，并以现代保育观来指导工作，努力挖掘隐性课程的教育性，抓住与幼儿生活密切相关的就餐环节，认真落实《规程》的精神，使幼儿不仅受到良好而规范的养护，并得到有关营养知识、就餐礼仪和能力的教育。

2. 加强学习，提高技术

为了使实施工作能顺利进行，必须加强营养知识、烹调技术的学习，不仅要知其然更要知其所以然。保健员既要懂营养，还要懂烹调，只有这样才能把好营养质量关；营养员要掌握科学的烹调方法和营养知识，才能根据幼儿的口味，一种食物多种做法，或者灵活运用、重新组合，使之更符合本园幼儿的实际；教师既要了解幼儿的就餐心理，还要熟悉营养与保健知识，只有这样才能通过形式多样的餐前教育和餐中的耐心照顾，使幼儿愉快进餐。两年中我们召开了"平衡膳食与幼儿愉快进餐"观摩交流、普及营养知识和提高烹调技术的学习交流及合理管理膳费座谈会等活动，极大地调动了保教人员为幼儿学技术的热情。

（二）集中精力做好实施工作

1. 园长加强管理，多方协作配合

幼儿的营养工作是幼儿园保育工作的一个重要组成部分。营养工作涉及面广，工作量大，园长必须加强管理，才能使各岗位工作人员明确职责，忠于职守，真正做到既发挥各自的作用又协作配合，形成良性的循环机制，使营养工作取得更大的成效。

2. 加强监控，确保实施

为了对幼儿的健康负责，本实验提供的食谱尽管事先做过营养分析，是一份平衡膳食的科学配方，但在实验中仍始终坚持实事求是的态度，每天进行食物摄入量的登记，并借助上海市儿童保健所编制的营养电脑软件进行每周营养分析，及时根据研究进行调整，对工作中突出的矛盾集体攻关解决。此外，课题组成员还经常在幼儿午餐时进行营养工作的随访，客观地进行评价指导，两年中共完成了近 500 份的营养分析和反馈调查。由于加强了监控，因此实施工作始终处于良好状态。

3. 做好促进幼儿愉快进餐的相关管理工作

营养工作除了提供平衡食谱、提高烹调技术外，还必须做好与此相关的管理工作，只有这样才能使幼儿愉快进餐，促进幼儿的身体健康。

（1）调整餐饮时间

幼儿每日进餐的次数和进餐的间隔时间要根据幼儿胃的消化能力、胃液分泌和胃排空情况决定。为了提高幼儿午餐时的食欲，早餐要早吃，课间点心一般在上午 9：00 结束，这样就可延长胃排空时间，增进幼儿午餐时的食欲。经过对比分析，实验园幼儿摄入的食物数量、食物品种明显多于其他幼儿园幼儿的摄入量，进餐成了幼儿生活中的一件愉快的事情。

（2）提高锻炼质量

在实验中，我们通过观察和分析发现，活动量不足或活动量过度都会影响幼儿的食欲。《儿童营养学》一书也指出，当人体剧烈运动时，大部分血液涌向肌肉，产生热量，胃肠里血液减少，胃肠蠕动减弱；同时，人体在大运动量时，体内水分消耗大，唾液

48

腺分泌减少，活动后马上进餐，幼儿会感到口渴而影响食欲。因此幼儿体育锻炼时，活动量安排必须适宜，坚持高密度、低强度，尤其是餐前半小时一定要控制活动量，做些安静的游戏，便于进餐时的食物消化吸收。

（3）创设良好环境

吃是人生的一大需要，也应是人生的一大享受。愉快进餐，提供的食物不仅色、香、味、形俱佳，美味可口，还需要有良好的进餐环境。幼儿园应创设家庭式的温馨氛围，提供美味的食物和漂亮的餐具，优美整洁、寓教育于餐饮的环境，另外还可播放一些轻音乐，让幼儿通过味觉、嗅觉、视觉、听觉全方位地感受"美"，从而愉快地进餐。

4．掌握正确的使用方法

通过两年多的实践，我们归纳总结出如下两条行之有效的使用方法。

（1）严格与灵活统一的方法

三个严格：

①严格控制纯热量食物的投放量。100名幼儿每周用油7斤，用糖9斤。

②每天严格按人数投放主食和副食，尤其要严格控制荤菜的投放量，遇到特殊情况，当天实在无法采取措施时，允许投放量的误差控制在10个人的范围之内，但第二天要做适当调整，将前一天的量补足或减少。总之，一周的投入量不能随意增减。

③严格保证钙和维生素A的投放量，凡含钙高的食物，如虾皮、牛奶、豆制品，含维生素高的猪肝、胡萝卜，绿叶菜不能随便改动。

三个灵活：

①适应市场变化，每季度的食谱能灵活地进行变动，每周的

食谱能灵活地进行重新组合。

②根据幼儿的口味，荤素菜的搭配可以灵活变动，烹调方法也可以灵活变化，但必须保证色、香、味、形俱佳。

③主食投放量无法一步到位时，要善于化整为零，灵活掌握。如通过米面搭配、汤中加淀粉等途径解决。

各园在实施《带量平衡食谱》时，要根据本园幼儿的实际人数，按比例重新计算食物的投放量，并注意餐饮中师生的信息反馈，及时调整食物的投放数量，依照"三个严格、三个灵活"的要求，从一开始的模仿到创造性地应用。

（2）营养员的"六要"基本操作方法

一要隔天熟悉食谱，做到心中有数；二要巧选烹调方法，适合幼儿口味；三要提前准备，做到有备无患；四要了解当天幼儿的出勤人数，按人数投放主副食；五要清楚科学烹调方法，尽量保证营养素少流失，少破坏；六要主动反馈，及时调整，提高质量。

四、《带量平衡食谱》实施的效果

（一）可行性实验工作是成功的

两年多的实施结果表明，幼儿按《带量平衡食谱》摄入的食物经统计分析，完全能达到平衡膳食的营养要求，长期困扰幼儿园营养工作的"热量难达标、营养难平衡"的问题得到了圆满的解决。《带量平衡食谱》能为幼儿提供足够的营养，满足幼儿机体与生长发育的需要。这套食谱在幼儿园原有的每周食谱基础上进行了改进与提高，因此适合幼儿园使用，操作性强，而且以大众化的食物为主，食物来源广，易采购，烹调基本符合幼儿的口味。

（二）提高了幼儿的身体素质

《带量平衡食谱》的使用，既提高了幼儿的伙食质量，又注意了对幼儿进行心理卫生和餐前营养与健康教育，加强了进餐过程中的照顾，幼儿由从前的怕吃饭到现在的爱吃、会吃、能吃，促进了幼儿身体的健康发育。据统计，血色素在12克以上的人数明显增多，肥胖儿的增长得到了较好的控制，幼儿的出勤率有所提高，家长对幼儿在园的膳食情况表示满意。

（三）营养工作走上了科学管理的轨道

通过本课题的研究，使大家逐渐摆脱了一些盲目的传统做法，变以往的"吃了算"为现在的"算了吃"，使幼儿园的营养管理工作从经验型的管理逐渐走上科学化的管理。幼儿园的营养工作引起了园长的高度重视。园长不仅为营养室创设了良好的工作环境，而且还注意保育队伍整体素质的提高，并以营养工作为主线，带动其他保育工作向有序、规范化方向发展，使幼儿得到了很好的照顾，也使全体教职工真正感受到了怎样才能将《规程》中的保育思想转变为保教实践。

五、《带量平衡食谱》研究过程中值得探讨的问题

（一）家园对营养工作一致性的问题

幼儿的营养对生长发育至关重要，需要从一日三餐中均衡吸收，因此我们要想和家长形成共识，还需要做许多工作，包括营养知识的宣传普及、双休日的科学配餐指导，以及共同培养幼儿良好的饮食卫生习惯等。目前由于《带量平衡食谱》的使用，幼儿园的科学营养工作已迈出了可喜的一步，但家园对营养工作一致性的问题还有待于进一步的研究。

（二）如何处理好普遍性和特殊性的关系

本食谱是根据正常幼儿对营养需求量来设计制作的，但我们面对的是来自不同家庭、不同生活条件、生理上具有个体差异的幼儿，要使食物通过摄入、消化、吸收转化为促进机体生长发育

以及抵御疾病的营养，还需要一套特殊的膳食计划，以满足幼儿在特殊环境、特殊情况或特殊活动条件下的膳食需要。单靠幼儿园现有的人力及业务能力是很难解决的。

（三）营养与其他保育工作的关系

本课题虽然已经注意到营养与体育锻炼及习惯培养的关系，但对其中的内在联系还缺少深入的研究，对怎样进一步提高营养工作质量、确保保育工作在幼儿园的地位等许多问题还值得研究。

（赵　敏　执笔）

幼儿食物供给量的研究

姚蓓喜

一、研究目的

营养是幼儿生长发育的物质基础。2～4岁是幼儿生长发育最为迅速的阶段，该阶段幼儿新陈代谢旺盛，神经系统及骨骼的发育迅速，因此，合理的营养对幼儿来说是至关重要的。

随着社会的进步和经济的发展，人们的生活水平有了很大的提高，幼儿的膳食结构发生了明显的变化，特别是近十年，变化尤为明显。膳食摄入的变化特点是：粮食消费呈下降趋势，动物性食物成倍增长，导致了营养结构也发生了明显的变化；来自碳水化合物的能量下降，来自脂肪的能量增加，使膳食结构处于不平衡状态。为此，营养不足和营养过剩仍然是幼儿膳食营养中存在的问题。

为了保证幼儿的健康成长，为他们的合理营养提供科学依据，我们把调整幼儿膳食结构和改善幼儿营养状况作为发展战略。通过对幼儿营养的长期监测，提出幼儿营养的合理结构和2～4岁幼儿食物供给量标准的建议，目的在于进一步提高幼儿营养的管理水平，促进幼儿更好的成长。

二、研究对象和方法

（一）研究对象

中福会托儿所2～4岁幼儿200名（以全托为主）。

（二）研究方法

1. 问卷法

了解幼儿在家庭中的饮食状况等。

2. 调查法

（1）记账法

根据幼儿的进餐人数、每日购买食物的账目、月底盘库所得食物的消耗量,计算出每日平均每名幼儿的食物和营养的摄入量,每月用电脑计算出幼儿的营养状况。

（2）称重法

根据一月中有四天接受称重幼儿膳食的进食量、消耗量,计算幼儿食物和营养摄入量。因称重法比较细致、精确,加之我们预算比较合理,损耗较少,因此,经统计,称重法与记账法的结果差异不显著。

3. 幼儿体格测量

每季度一次,测量幼儿的身高、体重,并检查与营养素缺乏有关的体征,测量结果进行百分位数评价。

4. 血生化指导

（1）血红蛋白(HB)＞11克/dl；(2)红细胞内游离原卟啉(FEP)。

三、研究结果

（一）幼儿每人每日主要食物的平均摄入量

表25 2～4岁幼儿每人每日主要食物的平均摄入量比较（克）

食物摄入量 年份	谷类 大米 面粉	动物性食物 猪、牛、鸡、虾、鸡蛋、猪肝	牛奶	豆制品 干豆类	蔬 菜 绿色蔬菜	蔬 菜 浅色蔬菜	水果	纯热能食物 油	纯热能食物 糖
1985—1988	170	105	112	31.5	60.7	57.8	40	13	17
1993—1995	185	111	180	36	75	70	68	11	12

由表 25 可知，20 世纪 90 年代幼儿谷类、动物性食物、豆制品、蔬菜、水果的摄入量大于 80 年代，而油类、糖类等纯热能食物小于 80 年代，因此，膳食结构质量有较大改善。同时我们还注意科学调配，提高食物的营养价值。在一日膳食安排中，做到干稀搭配、甜咸调配、荤蔬搭配、动物蛋白和植物蛋白搭配、绿叶蔬菜和黄叶蔬菜搭配，使各种营养素互补，从而更好地吸收利用。

（二）幼儿营养素摄入量占 RDA 的百分比

表 26 80 年代和 90 年代幼儿营养素摄入量占 RDA 的百分比（％）

营养素	80 年代	90 年代
蛋白质	82	97
热 能	95	88
钙	55	60
铁	182	125
视黄醇	86	105
VB1	81	83
VB2	66	134
尼克欣	105	111
VC	123	118

表 27 幼儿三大产热营养素的比值关系

		蛋白质	脂 肪	碳水化合物
重量比值	80 年代	0.87	1.61	4.5
	90 年代	0.80	0.83	4.7
	国际合理比值	1	1	4～5
热能分配比值	80 年代	9%～11%	30%～35%	50%～55%
	90 年代	14%～15%	25%～30%	50%～60%
	国际合理比值	12%～15%	25%～30%	50%～60%

通过对幼儿营养状况的长期监测，我们已日益重视提高蛋白质的摄入量而降低脂肪的摄入量；保证热能、铁、核黄素、维生素 B、维生素 C 的摄入量能满足幼儿的需要；视黄醇当量（维生素 A 加胡萝卜素）的摄入量也有较大的提高，已从 80 年代的 86%上升到 90 年代的 105%；幼儿钙的摄入量虽然已从 55%上升到 60%，但仍然是略低于正常标准。

由于我们加强了保教结合工作，同时与家长努力合作，对幼儿加强教育引导，克服幼儿挑食、偏食等不良习惯，严格按照合乎营养要求的标准进食，更好地发挥了各种食物的营养功能，提高了各种营养素的吸收和利用价值，从而使三大营养素的比例、热能分配比值逐步趋于合理和平衡。

（三）蛋白质食物来源比较

表 28 蛋白质食物来源比较（%）

年 代	谷类	豆类	动物性食物	其他食物
80 年代	45	9	40	6
90 年代	42	5	50	3

由表 28 可知,80—90 年代,幼儿优质蛋白质的摄入量所占的比例明显提高,说明幼儿的食物结构更加多样化,幼儿膳食营养状况逐渐趋于良好,能够满足人体对各种营养素摄入的需要。但需要对脂肪热能比例增长过快加以控制,否则会导致心血管疾病的增多。

（四）幼儿身高、体重与血色素指标

表 29　幼儿身高、体重达标率的比较与检验

	年　代	达标率%	未达标率%	DF	X2	P	结　论
按测年体龄重	80 年代	60	40	1	7.04	<0.01	差异极显著
	90 年代	71.92	28.08				
按测年身龄高	80 年代	50	50	1	9.26	<0.01	差异极显著
	90 年代	64.56	35.44				

表 30　幼儿血色素指标比较

标准人数年代	≥11g	10～10.9g	9～9.9g	<9g	DF	X2	P	结　论
80 年代	68.14	23.55	6.53	0	3	87.86	<0.01	差异极其显著
90 年代	91.50	6.52	0.79	1.19	3	87.86	<0.01	

对于身高、体重未达到正常标准的幼儿及贫血儿,我们全所上下各尽其责,相互配合,共同管理。保健员加强监测,对症治疗,指导班级教师开展护理;营养员制定食谱,保证合理的营养;班级教师定员护理,及时记录。经过一段时间的食物疗法和适时适量的体格锻炼,幼儿生长发育效果很好,贫血儿全部达到正常标准,游离红细胞原卟啉检查全部合格,说明没有一名幼儿存在

隐性贫血的可能。我们认为，铁的吸收利用与平衡膳食有关，受膳食组成成分的影响较大，而且与三大营养素供热比例有关。

四、讨论和建议

（一）科学地安排膳食，保证幼儿有充足的营养

建立健全膳食管理制度，包括采购制度、验收制度、物品保管制度、饮食管理制度、烹调管理制度等，每月进行一次营养计算，经常研究幼儿营养的膳食结构和烹调，使幼儿营养趋于科学化、合理化和全面化。

（二）重视幼儿营养素的摄入量，促进幼儿正常的生长发育

根据目前家庭中幼儿膳食安排存在的弊端，幼儿一日三餐两点的热量分配不科学、不合理，为此我们根据早餐吃得饱、中餐吃得好、晚餐吃得少的原则，恰当分配一日三餐二点的热量比例。具体地说，早餐应为幼儿提供高蛋白的食物，脂肪和碳水化合物也应多一点，供热量为总热量的20%左右；中餐应是富含蛋白质、脂肪、碳水化合物的食物，供热量为总热量的35%；点心占总热量的15%；晚餐宜清淡一些，可以安排一些易于消化的谷类、蔬菜和水果，供热量为总热量的30%。根据幼儿对营养的需要量，合理安排各种食物的平衡，才能使幼儿获得足够的营养，满足幼儿生长发育的需要。

我们通过研究发现，幼儿各种营养素的摄入量与其生长发育有着非常密切的关系。只有当蛋白质、核黄素、视黄醇及铁和维生素C的摄入量达到正常标准的90%以上，三大营养素的比例合理，才能促进生长发育，并能有效地防止缺铁性贫血和铁缺乏症。同时通过保教结合，使幼儿愉快进餐，提高幼儿各种营养素的摄入量，是促进幼儿健康成长的保证。

（三）坚持膳食结构"4＋1"金字塔方案

坚持膳食以植物性食物为主，动物性食物为辅，能量来源以粮食为主的基本特点，既能消除蛋白质数量、质量欠佳的弊端，还能防止"高脂肪、高蛋白、高热量，低纤维"（"三高一低"）的膳食缺陷。

膳食结构"4＋1"方案指每日膳食必须有粮、豆类，蔬菜、水果类，奶及奶制品类，肉、鱼、蛋类四类保护性食物作为支柱，适当添加油、盐、糖。

四类食物按2～4岁幼儿每天摄入量计算：粮、豆摄入量为220克（粮与豆之比为10：1），蔬菜、水果摄入量为200克（蔬菜水果之比为8：1），奶及奶制品摄入量为180克，肉、鱼、蛋摄入量为110克。

正如图1所示：四类食物按重量排列，恰似金字塔，塔尖为适量的油、盐、糖。我们认为，坚持实施膳食结构"4＋1"金字塔方案（见图1），必将会促进幼儿的健康成长。

图1　膳食结构"4＋1"金字塔方案示意图

（油、盐、糖
肉、鱼、蛋类
奶及奶制品类
蔬菜、水果类
粮、豆类）

幼儿问题行为及其矫正的研究

郑　静　邵慧玲

一、研究的原因

幼儿的问题行为在幼儿期是一种颇为常见的行为，它是指那些妨碍幼儿身心健康发展和良好品德形成，给家庭、学校、社会带来麻烦的行为。

行为矫正的研究始于 20 世纪初，并于 60 年代起开始得到应用并迅速发展。越来越多的人认为，人的行为是通过后天学习习得的。不好的、不正常的行为是在不利的条件影响下进行不正当学习的结果，因而可通过改变不利的环境条件、进行教育训练、采取矫正措施等办法改变问题行为，以适应社会环境。我国于 1978 年才开始引进行为疗法及精神分析疗法，1985 年以后，才真正开展心理治疗和咨询工作。目前，在幼儿园科学地、有系统地对幼儿问题行为进行心理治疗和矫正是屈指可数的。《幼儿园工作规程》（以下简称《规程》）要求幼儿工作者切实做好幼儿的生理和心理卫生保健工作。近年来，社会、学校、家庭对幼儿身心健康的关注日益增强，但对幼儿问题行为的矫正工作还比较陌生，不少幼儿教育工作者还不知从何入手，因而极需一套操作性、实用性较强的幼儿问题行为诊断和矫正的工具、材料和经验。另一方面，由于父母对子女的不适当教育导致子女出现了一些问题行为，家长们也非常希望有一套通俗易懂、能操作的行为矫正实施方法，以配合幼儿园提高子女的素质。

60

鉴于上述原因,我们从 1992 年开始进行有关幼儿问题行为矫正的系统研究,从调查入手,对问题行为产生的原因以及矫正的方案设计、矫正程序、矫正教材等矫正实践进行了探索和研究。

二、研究的方法与过程

本研究自 1992 年 2 月—1995 年 3 月在上海市普陀区 24 所幼儿园进行研究,采用问卷调查的方法对幼儿问题行为的现状进行调查测定,同时运用教育实验法对吮吸手指等 12 种问题行为进行矫正实验,具体经过了以下五个阶段:

第一阶段(1992 年 2 月—1992 年 7 月):认清问题,开展调查。

在明确幼儿问题行为界定的基础上,学习、座谈,收集资料,汇制成幼儿问题行为对照表,同时采取分层随机取样法对 24 所幼儿园的近 900 名幼儿进行调查,根据幼儿问题行为对照表及"Conners 儿童行为问题量表"分别进行了教师经验判断、教师问卷和父母问卷的调查。

第二阶段(1992 年 7 月—1993 年 2 月):制定方案,编写教材。

制定矫正方案是解决问题的第一步。该阶段主要针对幼儿具体的问题行为,依据心理学理论以及矫正技术,制定一套切实可行的矫正方案。制定矫正方案遵循匹配性(即不同问题行为采用不同的矫正方法)、针对性(选择有针对性的、符合个体实情的矫正方法)、有效性(根据家庭教养状况确定有效的矫正方法)、科学性(矫正技术的科学性)、操作性(矫正方案便于教师操作)等原则。同时为发挥幼儿教育的优势,提高幼儿对问题行为的认识,从根本上改变幼儿的问题行为,我们编写了近 100 个矫正幼儿偏食、进食障碍等十个方面的问题行为的教育材料。

第三阶段（1993年2月—1993年8月）：试点研究，积累经验。

以吮吸手指行为作为探索研究的试验点，分别制定出采用正强化法、负强化法、催眠疗法三种不同的矫正方案，在3所幼儿园开展试点矫正研究，同时在培训教师、完善矫正常规工作、处理教育教学与行为矫正之间的关系等方面积累了一定的经验，为进一步拓展试验奠定了基础。

第四阶段（1993年9月—1994年7月）：扩大试点，完善方案。

试验规模从3所幼儿园扩展到24所幼儿园，试验内容从矫正一种问题行为扩展到矫正多种问题行为，并在实践中鉴定、修正、完善所运用的各种方法，将矫正幼儿问题行为的方案综合成一套切合幼儿实际、有效可行的方案样式。

第五阶段（1994年8月—1995年3月）：总结提高，形成成果。

三年多的研究、实践，积累了大量的数据、实证材料和经验，在此基础上，我们整理、筛选、提炼出常规性的、操作性强的文件，形成一套定名为《幼儿问题行为及其矫正研究》的矫正工具成果构件，包括理论概说、矫正方案、矫正程序、个案报告、统计测量工具表和教育材料等方面内容，编写成《幼儿问题行为及其矫正》一书，并于1996年9月由华东师范大学出版社出版发行。

三、结果与分析

通过调查和矫正实践我们获得了以下结果：

（一）有问题行为的幼儿在群体中占有一定的比例

教师对随机抽样的12个中班的436名幼儿和12个大班的136名幼儿进行经验判断，对照幼儿问题行为表，被调查的872名

幼儿中有 164 人被认为有问题行为，占总数的 18.8％；采用
"Conners 教师问卷"和"Conners 父母问卷"测得幼儿有问题行为
者分别占 11.2％和 17.1％；根据教师凭经验判断与父母调查的相
关分析，有 5.2％的幼儿被教师和家长一致认为具有问题行为。

由此可见，不论采用何种手段或工具，从哪种角度对幼儿的
行为进行调查测定，都反映出有 10％以上的幼儿存在问题行为，
其中教师与父母一致判断的有 5.2％。值得注意的是，本次调查仅
局限于幼儿近半年的实际表现，对以前有过某种问题行为但现已
有所改善的幼儿尚不计算在内，否则幼儿问题行为的比率还要高。

（二）幼儿问题行为的种类繁多，分布不均

教师凭经验判断幼儿问题行为的种类有 18 种左右，教师问卷
和父母问卷测定也证实了幼儿的问题行为遍及量表测定项目所包
含的各个方面，汇总几所幼儿园教师经验判断结果如下：

表 31　幼儿问题行为统计表

问题行为	吮吸手指	咬指甲	依赖性	退缩行为	发脾气	多动症	语音不清	口吃	选择性缄默	遗尿症	睡眠不安	攻击性行为	说手淫	焦虑症	学校恐怖症	进食障碍	偏食	其他
幼儿数	16	24	9	8	6	15	7	15	11	2	6	6	4	15	5	2	4	29	2

幼儿问题行为表现最多的是偏食、咬指甲，其次是吮吸手指、
多动、口吃、手淫、选择性缄默等，有关情绪、身心障碍方面的
问题相对较为突出、明显，这也要求幼儿教育工作者对做好幼儿
心理保健工作应予以重视。

（三）在自然状态下，有问题行为的幼儿数量随年龄增长而增多

采用"Conners 儿童行为问题量表"测查后，我们分别作出了
该地区的因子常模。

表 32　Conners 教师用量表因子常模（1991）

年龄班	性　别	样本数	因子 I 品行问题		因子 II 多　动		因子 III 不注意被动		多动指数	
			X	SD	X	SD	X	SD	X	SD
中班	男	195	0.44	0.51	0.55	0.63	0.64	0.58	0.59	0.60
	女	190	0.27	0.31	0.25	0.33	0.46	0.49	0.30	0.34
大班	男	224	0.37	0.39	0.52	0.47	0.52	0.45	0.54	0.45
	女	200	0.22	0.27	0.23	0.33	0.40	0.42	0.29	0.33

表 33　Conners 父母用量表因子常模（1991）

年龄班	性别	样本数	因子 I 品行问题		因子 II 学习问题		因子 III 心身障碍		因子 IV 冲动、多动		因子 V		多动指数	
			X	SD	X	SD	X	SD	X	SD	X	SD	X	SD
中班	男	188	0.56	0.34	0.87	0.48	0.37	0.38	0.70	0.40	0.47	0.38	0.71	0.36
	女	185	0.48	0.28	0.77	0.49	0.28	0.30	0.63	0.42	0.44	0.33	0.55	0.34
大班	男	212	0.42	0.30	0.73	0.47	0.21	0.29	0.63	0.41	0.33	0.32	0.60	0.84
	女	199	0.36	0.23	0.68	0.47	0.20	0.27	0.50	0.36	0.39	0.34	0.48	0.29

　　由表 32、33 可知，幼儿的总体心理发展水平，大班幼儿优于中班幼儿，这说明，随着年龄的增长，一般幼儿的心理发展水平会有相应的提高，这是符合幼儿心理发展规律的。依据常理，大班有问题行为的幼儿数也应少于中班有问题行为的幼儿数，可是实际调查结果却相反，详见下列各表：

表 34　教师经验判断

年龄班	被调查幼儿数	问题行为幼儿数	比率
中班	436 人	76 人	17.1%
大班	433 人	88 人	20.2%

表 35　Conners 教师用量表测定

年龄班	被调查幼儿数	问题行为幼儿数	比率
中班	385 人	40 人	10.4%
大班	433 人	52 人	12%

表 36　Conners 父母用量表测定

年龄班	被调查幼儿数	问题行为幼儿数	比率
中班	373 人	59 人	15.8%
大班	411 人	75 人	18.2%

　　各方面的调查结果都表明，就当前幼儿教育现状而言，在对幼儿问题行为没有采取任何有意识的矫正措施的自然状况下，问题行为的幼儿数随年龄增长而增多。这一现象产生的主要原因是由于目前幼儿教育尚未足够重视幼儿的心理保健工作，幼儿问题行为在教师和父母看来，无非只是"习惯"问题，未注意教育、引导。这样，中班有问题行为的幼儿未得到及时、积极、有效的矫正，升入大班后，又产生了一些新的具有问题行为的幼儿，这就使得大班有问题行为的幼儿在数量上逐渐增多。

　　（四）在有问题行为的幼儿中，存在两种以上问题行为的幼儿占相当的比例

　　三方面调查结果都显示，在有问题行为的幼儿中，有的具有两种以上的问题行为，见表 37：

表 37　两种以上问题行为幼儿人数百分比表

调查名称	问题行为幼儿数	两种以上问题行为幼儿数	%
教师经验判断	164	59	36
Conners 教师问卷	92	42	46
Conners 父母问卷	134	47	35

具有几种问题行为的幼儿，一般被认为是"难教育"的幼儿．其问题和表现较明显、突出，如果任其发展极有可能导致更严重的异常行为，影响其正常发展。

（五）幼儿的问题行为经过教育引导，是可以矫正的

大多数问题行为是大班幼儿多于中班幼儿，但有三种问题行为，大班幼儿较中班幼儿有一定幅度的减少，见表38：

表 38　不同年龄班幼儿的问题行为比较分析表

年龄班	学校恐怖症	依赖性太强	手　淫
中　班	2	6	11
大　班	0	3	4

表38所显示的数字变化，显然与教师的教育相关，如依赖性太强和学校恐怖等问题，与教师培养幼儿的自理能力、爱幼儿园集体有关，这也从侧面证实了幼儿的问题行为是能够矫正的。

从矫正试验看，近两年对24个班级的近30名幼儿进行矫正试验的成效是明显的，被矫正幼儿的问题行为都有了不同程度的改善。其中，75%以上的幼儿有明显好转，20%左右的幼儿问题行为有所改善，少数幼儿的行为改变还不稳定（有的因实验时限问题没做进一步的矫正）。这也说明通过教育引导，绝大多数幼儿的问题行为是能够得到矫正的，这也为教师做好幼儿心理保健、矫正幼儿的问题行为树立了信心。

四、小结和建议

（一）提高认识，重视做好幼儿问题行为的矫正工作

贯彻《规程》至今已有多年，但目前仍然存在着重视幼儿生理保健，忽视幼儿心理保健的倾向，对幼儿问题行为的产生和矫正更缺乏足够的重视和认识。然而在调查中反映出有问题行为的幼儿在幼儿的群体中占 10％以上。按这一比例计算，如果每个班级有 30 名幼儿，那么就会有 3 名左右的幼儿有问题行为。有问题行为的幼儿的普遍存在，将影响幼儿身心健康的发展，因此，幼儿教育工作者决不能等闲视之，必须重视并积极探讨幼儿问题行为的矫正策略，把矫正工作视为幼儿教育必不可少的一部分。

教育行政部门领导要重视建立推进行为矫正工作的机制，采用制度、法规、评估奖惩、交流等多种手段来激励、引导幼儿教育工作者做好行为矫正工作，使幼儿在生理、心理和社会适应能力上都是健康的，成为身心健康的新一代。

（二）培训师资，提高幼儿问题行为矫正质量

幼儿问题行为矫正工作是一项技术性较强的工作，其效果与矫正者的素质有较高的相关。因此需要教师具有扎实的心理学基础，并具有一定的行为矫正技术。而目前教师对幼儿问题行为的矫正工作知之甚少，不知从何着手。因此，必须举办各种相关的培训、讲座，指导教师在较短的时间内学习和掌握行为矫正理论要点和具体操作要领，以提高矫正质量。

由于目前教育上存在的"重教轻保"、"重生理健康，轻心理素质"、"重集体教育，轻个体发展"等弊端，使幼儿园教育尚存在许多不足。为此教师也必须通过讲座等培训活动，不断转变教育观念，正确地实施教育，消除问题行为在幼儿园的成因，努力做好问题行为幼儿的矫正工作。

（三）家园配合，取得行为矫正的良好成效

幼儿问题行为的产生与家庭教育、家庭环境密切相关。目前家庭教育存在着过高期望、过多保护、过度教育的倾向，这也是幼儿问题行为产生的原因之一。为此，幼儿园应主动与家庭配合，帮助家长创设良好的家庭环境；教师设计的矫正方案要及时与家长联系、沟通，取得家长的支持与配合；指导家长做好矫正工作。在家园的共同配合下，使幼儿问题行为的矫正取得预期的效果。

附件一

表 39 幼儿问题行为对照表

问题行为名称	特　　征
吮吸手指	经常把手指放入嘴中吮吸；几乎每天都有吮吸手指的行为
咬指甲	表现为好咬指甲，有的幼儿还表现为咬指甲周围的表皮；几乎每天都发生咬指甲的行为
依赖性太强	1. 经常寻求与成人躯体的接触，如喜欢母亲或其他成人抱着，坐在成人身上，站立时，喜欢紧紧抱着成人不放，或紧紧地依偎在成人身旁，而不愿与其他小朋友玩耍 2. 干什么事自己都不能作主，对别人比对自己更加相信，什么事都希望寻求他人的帮助及他人的赞许，对别人对他的反应如何十分敏感
退缩行为	1. 常常不愿到陌生的环境中去，甚至连逛公园、看电影、随父母去亲友家作客也不愿意，平时表现孤独、退缩、胆小、害怕 2. 从不主动与其他幼儿交往，常常很少交朋友，沉默寡语，宁愿一个人在家中与布娃娃做伴，也不愿主动参加到幼儿的欢乐游戏中去，即使在自己家中，看见来客也要赶快躲藏起来，不愿见生人
发脾气	1. 受到挫折或个人的某些要求、欲望未得到满足时，出现大哭大闹、大喊大叫，甚至在地上打滚，坐在地上不愿起来，或以头碰壁、撕扯自己的头发等过火行为 2. 好发脾气，且常常无法劝止，一定要在自己的要求得到满足后，或在无人理睬的情况下，大闹很久才能自行收场
多动症	1. 注意力不集中，表现为做事、听课或游戏不能坚持始终 2. 情绪不稳定，易冲动，做事冒失，不经思考就行动 3. 多动性行为障碍，很难静坐，多动不宁，精力过人，甚至睡眠时也不安静 4. 此行为持续半年以上

69

问题行为名称	特　征
发育性 语音不清	1. 吐词不清楚，主要对于韵母发音不清，如对 s、sh、z、zh、x、c、p、b、d、t、l、n 等的发音困难 2. 常常口齿不清，对一些语音发声变调、错误、遗漏、代换等，以及讲话不能成句 3. 无能力自行纠正发音中的错误、遗漏、代换，即使通过教育后，也不能很快纠正
口　吃	1. 在讲话时，表现为对声音或词、字的重复延长，使语流中断、破裂 2. 说话时经常呈现面红耳赤、张口结舌、伸颈昂头、双手握拳等紧张姿势，直到他想讲的话说出来后才能放松下来
选择性缄默	在幼儿园或其他人多的地方拒绝讲话，但与少数熟悉的对象，如妈妈、祖母、他喜欢的小伙伴等则可以讲话，且讲得正常，在与人交往时，仅用手势、点头或摇头来表示自己的意见，或仅用"是"、"否"、"不"、"要"等单词来表示意见。此种表现持续时间较长，且为持续性存在
遗尿症	幼儿白天或夜间排尿不能自己控制，但不是由于躯体疾病或外界客观条件特殊所致的偶然性遗尿，一般每月至少 2 次
睡眠不安	幼儿不易入睡，睡后很易惊醒，或在床上辗转反侧，或全身跳动，睡得不深，有的还有夜间哭闹等现象，而白天则精力不足，易激惹、烦躁，口味不好
攻击性行为	在受挫时，出现焦虑不安、暴怒、伤人毁物，如打、踢、抢、骂等侵犯行为。特别是对父母更加蛮横无理
说　谎	1. 经常由于无知而说谎，说了谎自己还分不清真假 2. 常将幻想与现实混淆在一起，为了满足自己幻想中的某些欲望而说谎
手　淫	幼儿用手指直接抚弄生殖器，或用其他物品等摩擦生殖器，以取得快感

问题行为名称	特 征
焦虑症	常因小事而过度焦虑,烦躁不安,担心害怕,甚至哭闹。平时表现温顺、守纪律,克制力强,自尊心强,对待事物常常十分认真,且过分紧张。特别是在陌生环境中,对待不熟悉的事物更易出现焦虑反应,惶恐不安,还伴有做梦、讲梦话、恶心呕吐、食欲不振等身心症状
强迫症	1. 反复地考虑一些毫无意义或错误的概念,明知不对,却无法克服（如强迫自己反复计数窗栏杆的数目等） 2. 表现出重复、刻板、仪式性行为,但行为本身毫无意义,也不会有任何有意义的结果(如入睡前翻来复去地把自己的衣服、鞋袜按照一定的格式摆好)
恐怖症	经常对客观存在的某些危险或可能发生的危险、某些事物等表现出一时性的恐惧反应,如表现为惊叫、回避等情绪反应,甚至出现心跳加快、呼吸变速、苍白、发抖等生理反应（害怕的对象多种多样,如怕虫、怕火、怕陌生人、怕贼、怕黑暗等）
学校恐怖症	1. 不愿上幼儿园,伴有情绪焦虑、害怕等症状 2. 如果强迫送往幼儿园,则哭闹不休,大发脾气,经常在半路上逃回家
进食障碍	1. 经常表现有不主动或不好好吃饭的行为 2. 经常回避或拒绝进食,如果强迫喂食,则会即刻引起呕吐
偏 食	拒绝进食某种食物,强迫进食,则会立即引起呕吐或出现紧张不安等状况

注:有问题行为的幼儿往往比较集中地表现某一行为的特征;行为的发生具有经常性、持久性,行为表现持续在三个月或半年以上;运用一般的教育方法难以控制行为。

幼儿问题行为矫正方法与技术

幼儿问题行为矫正方法主要依据心理治疗理论和方法技术，结合幼儿实际，采取有针对性的矫正措施，对幼儿问题行为进行矫正。目前，心理治疗的心理学流派门户众多，理论繁多纷呈，方法多种多样。在矫正过程中，尽管各自遵循的理论不同，采用的方法各异，但归纳起来主要有几大类：在精神动力学基础上建立起来的精神分析疗法；在行为主义理论基础上形成的行为疗法以及认知疗法；在人本主义理论基础上确立起来的患者中心疗法和以心理—神经生理—生物学综合模式为基础的催眠暗示疗法等。其中，行为矫正方法由于其主要产生于教育和医学的临床治疗需要，它在教育、医学及其他一些领域得到了广泛的应用。它是一种运用最多、最广的心理治疗方法。目前，行为矫正已进入现代家庭生活中，被作为教育孩子的不可或缺的重要手段。考虑到幼儿园开展问题行为矫正的实际，以及幼儿身心发展的特点，现介绍一些国内外常用的问题行为矫正方法。

一、几种常用的问题行为矫正方法

（一）正强化法

正强化法也称阳性强化法或积极强化法。它是指当某一操作性行为在某种情境或刺激下出现后，即时得到一种强化物，如果这种正强化物能够满足行为者的需要，则以后在那种情景或刺激下，这一特定的操作性行为的出现机率会升高。

（二）惩罚法

惩罚法是指幼儿在一定情景或刺激下产生某一不良行为后，即时使之承受厌恶刺激（又称惩罚物）或损失正在享用的正强化物，也就是将幼儿的不良行为与某种不愉快的或惩罚性的刺激结合起来，多次重复配对出现，使幼儿以后在类似情景或刺激下，该不良行为的发生频率降低，甚至消除。一般地，惩罚法需要其他行为矫正方法的辅助和有关教育的配合，才能全面彻底地消除幼儿的不良行为。

（三）负强化法

负强化法是指幼儿作出某一种行为的结果可避免厌恶刺激（或称负强化物），则以后在同样的情景下，该行为的出现率会提高。

（四）消退法

消退法是指某一行为过去曾得到强化，若此时这个行为之后并不跟随着通常的强化，那么当他下一次遇到相似情景时，该行为的发生率就会降低。也就是说，通过消退程序即停止强化可以使某种反应的频率降低，消除幼儿已建立的不良行为。

（五）间歇强化法

间歇强化法是一种间歇的（即不定期的）而不是每一次都对所发生行为进行强化的方法。如果我们把正强化和消退串在一条直线上，那么正强化处在直线的一端（行为每发生一次，就强化一次），消退就处在直线的另一端（行为发生，不予以强化）介于这两个极端之间的就是间歇强化。间歇强化法既可用于增加行为，也可用于减少行为，且使用得当，效果比正强化法和消退法更好。

（六）行为塑造法

行为塑造法是一种程序，用来形成某个人目前还没有的行为，即个体从不会到一步步学会一个新行为的过程。它是从强化一种与最后新行为稍微接近，且其出现率比零次出现率稍高的反应着手，连续强化最接近新行为的反应并消除前一个较接近这个行为的反应，从而最终建立起这个新行为的过程。

（七）模仿疗法

在行为改变策略上，通过观察他人的行为来改变个体自己的行为是相当有效的。模仿疗法就是通过观察别人做某些事，并看到这些行为的结果，从而产生共鸣，导致本身行为的改变，即通过观察学习来增加、获得良好行为，减少、消除不良行为的一种行为矫正方法。

（八）系统脱敏法

"脱敏"具有脱离、消除过敏的意思。系统脱敏法是指在安逸而充分放松的心境下，安排幼儿逐渐接近所惧怕的事物，或是逐渐提高幼儿所恐惧的有关刺激的强度，让幼儿对于惧怕事物的敏感性逐渐减轻，甚至完全消失。系统脱敏法也是行为矫正中较常用的基本方法。

（九）代币制疗法

原来不具有强化作用的一种刺激，一旦和其他强化物适当配合，就能获得强化力量，这种刺激物就称为条件强化物。凡是可以累积起来交换其他强化物的条件刺激物就称代币。例如，塑料片、五角星、小红旗、记号、数点以及其他有明确单位的物品都可以作为代币，当它累积到一定数量时，可以换取糖果、玩具、游戏等幼儿所喜爱的强化物，条件强化物也称支持强化物。

代币制疗法就是指一种用代币作为强化物来进行行为矫正的方法。由于用代币作为强化物，可以在任何场合下，只要满意行为一发生即可发放；可以根据行为质量的好坏差别，对代币进行增减；可以利用兑换的时间差，使反应与支持强化物之间建立一个长时间延缓的桥梁；可以避免单一强化物易引起的饱厌的现象。

因此代币制疗法能使强化作用更加有效，尤其是对群体问题行为矫正时，采用代币制疗法，管理更实用、更方便，能保证矫正计划一致、有效。

（十）认知行为疗法

认知行为疗法是通过纠正不合理的信念来改变幼儿行为的一种方法。它是遵循教育和学习的原理，吸收了行为矫正技术，对幼儿进行指导训练。

（十一）催眠疗法

催眠疗法是应用催眠术使人进入催眠状态，并以暗示进行治疗的一种方法。

二、几种常用的行为矫正技术的操作程序和原则

（一）正强化法的操作程序和原则

1. 正确选择要强化的行为

所要选择的强化行为应该是具体、可观察、可控制、可评价的行为，而不是一般的行为。

2. 正确选择正强化物

选择正强化物必须因人而异，应把个体差异考虑进去，且应便于使用；能立即呈现在所需要的行为发生之后；多次使用不致于引起迅速的满足；不需要花费大量时间。

3. 正确实施正强化

正强化实施前，把计划告诉被矫正的幼儿，以期取得积极配合；在所需要的行为出现后，应立即予以强化，不要拖延很长时间；给予强化物时，要向被矫正幼儿描述被强化的具体行为，即要说明由于出现了哪一种行为而得到奖励；分配强化物时，最好能结合其他奖励，如口头赞扬、微笑等；适当地控制正强化物的数量，以保证正强化在整个矫正过程中的最大有效性。

4. 逐渐脱离强化程序

当所需行为的发生达到期望频率时,应逐步消除可见强化物,而以社会性强化物代替,也可寻找环境中的其他自然强化物来继续维持所需行为。

正强化法一般可用来矫正幼儿的神经性厌食症、偏食、遗尿、多动、缄默、孤独以及学习困难等问题行为。

(二) 消退法的操作程序和原则

1. 确定要消退的行为

(1) 选择消退的行为要明确具体。不要计划一次改进所有的不良行为或指望一次会产生重大改进。

(2) 在消退过程中,行为在开始变好以前可能会变得更坏,有时还会产生情感抵触性行为和攻击性行为。

(3) 确定所要消退行为的强化物,最好是能人为控制的,以便必要时撤掉。

2. 做好充分的实施准备

(1) 记录不良行为在消退之前的发生频率,即建立一个行为基线。

(2) 确定当前是什么东西对不良行为起强化作用,以便在治疗期间能对那种强化物加以抑制。搞清不良行为的强化历史,以确定执行消退所需要的时间。

(3) 确定幼儿能从事的良好的替代行为及其有效强化物,以便消退和正强化相结合,使消退效果更快、更佳。

(4) 选定能使消退程序成功的环境。

(5) 实施前,一定要使参与矫正的人员都知道哪种行为要被消退,哪种行为要予以强化。尤其是在幼儿园实施一种消退程序,要使父母也参与,做到家园一致。

3. 认真按程序进行实施

（1）在实施开始前，将计划内容告诉幼儿。

（2）对良好的替代行为进行积极强化时，必须遵循正强化法的有效原则。

（3）程序实施过程中，一定要始终如一地撤除不良行为的所有强化物，同时强化所需要的良好替代行为，二者应保持一致。

4.逐渐脱离消退程序

在消退程序内完全消退的行为可在另一种情景里再现；也可能在脱离程序后，旧毛病偶尔复发，对此教师应有所准备。一般来说，再进行几次消退训练后，自动恢复现象是会消失的。

消退法是一种简单易行且效果显著的行为矫正方法，一般可适用于矫正幼儿的发脾气、多动症、神经性呕吐、偏食等问题行为。

（三）代币制疗法的操作程序和原则

1.明确目标行为

目标行为的确定在很大程度上取决于矫正对象的类型，取决于希望完成的短期和长期目标，取决于干扰目标实现的具体行为问题。

确定目标行为最终要把焦点放在一个或一个以上所希望增加的良好行为上，并加以明确的界定，避免使用"不合作"、"捣乱"、"无恒心"等抽象和含糊的语句。

2.建立基线

实施代币制疗法前，必须根据特定的目标行为的反应特点，选择合适的方法，测定基线数据，为矫正程序正式开始后，观察行为的变化提供一个比较基础。

3.确定代币

代币必须是马上可以利用的实物或象征性的东西；必须是可以计数，具有吸引力，并且简单、轻便可携的；必须是能够随时都可以方便发放的；必须是幼儿不容易复制的；必须是不具备其他实用功能，也不易与别的物体相混淆的东西。

4. 选定支持强化物

幼儿在领取代币以后，必定会拿它来交换作为报酬的支持强化物。选择支持强化物的方法与选择强化的方法基本一致（详见正强化法）。选择时既要考虑其强化价值，又要考虑到购置这些强化物的经济价值。应尽可能广泛地使用不同强化物，特别是在代币制程序执行的初期，使用一些可以发放和消费很快的支持强化物（如糖果等），这两点很重要。

5. 拟订代币交换系统

代币交换系统应指出何种行为可以获得一个代币或几个代币（代币必须在期望行为发生后立即给予）。应给所有选定的有效支持强化物确定一个价值，让幼儿知道积累多少代币才能换得相应的支持强化物；规定交换的时间、地点，并监督其交换。

支持强化物的价值一般很难确定，要通过多次尝试、修正。支持强化物的种类要多，并定时进行改变，使其不至于引起幼儿的饱厌而失去功效。

6. 严格具体操作

把计划告诉幼儿，让他了解操作的内容和要领。设计一个适当的储存柜，陈列支持强化物。在特定的时间内，应指派专人来强化某一特定行为。代币总是在满意反应出现后立即以积极的且明显的方式发给。在发给代币时，友好、微笑的赞许也应同时出现，且应告知幼儿为什么得到代币。代币换取支持强化物的次数，在开始时，次数应多一些，然后逐渐减少。在履行职责时，教师应始终保持适当和稳定的情绪，以及操作的一致性。

7. 把代币制泛化到自然环境中去

当幼儿的目标行为反应达到期望满意程度后，还应帮助幼儿脱离代币制，以适应自然环境。常用的方法有两种：一种方法是逐渐地取消代币，即通过逐渐减少赢得代币的数量，或逐渐延长目标行为和代币发放之间的时间来实现；另一种方法是逐渐降低其价值，即通过逐渐减少一定量的代币可兑换到支持强化物的数量，或逐渐延长获得代币和兑换支持强化物之间的时间来实现。具体采用何种方法更有效，要因人而异。

代币制疗法的应用范围很广泛。它可矫正幼儿的多动、攻击行为、胆怯、孤独等多种问题行为。既可用于个别矫正，又可用于群体矫正。

附件三

采用消退法矫正幼儿进食障碍的实施案例

一、被矫正幼儿的情况分析

（一）幼儿的一般情况

英××，女，5岁8个月，幼儿园大班幼儿。该幼儿从小以人工喂养为主，从婴儿时期起就食欲不佳，体质较弱，易生病；被矫正前，该幼儿性格内向，做事动作偏慢，智力一般。

（二）幼儿家长情况

该幼儿的父亲是一名个体工艺美术者，母亲是工人。母亲的体质较差，因而孩子从小是人工喂养，孩子大多数时间寄住在外公、外婆家，与外公、外婆接触时间较多。父母、外祖父母对孩子过于宠爱，要求不高，使孩子独立性差，依赖性强。

（三）问题行为的表现

英××对进餐不感兴趣，胃口不好，食欲较差，进餐时注意力不集中，常常将饭和菜含在嘴中，不咽下去，咀嚼吞咽慢，餐量少，进餐时间长。教师对英××进行了连续10天的观察，并做观察基线（见图2）。

从测得基线可以看出，英××每次进餐的时间都在30分钟以上，其中有三次在40分钟以上，有四次进餐时间为35～40分钟，而且其中有四次在教师向英××提出进餐要求时出现呕吐现象。

（四）可能的原因

1. 由于母亲体质较差，也影响了孩子的体质。孩子从小是人工喂养长大的，从婴儿时期起胃口就不大，食欲差，也没有及时矫正，因而一直延续到现在，对进餐仍无兴趣，胃口不好。

2. 由于父母是双职工，孩子大多数时间居住在外公、外婆家，老人对孩子十分宠爱，孩子不肯进餐，外公、外婆也没有办法，又舍不得批评，一味迁就孩子，孩子不爱吃就尽量减少孩子的进餐量，进餐时还要大人喂着吃，长期如此，形成了不良的进餐习惯，造成了英××目前的进食障碍。

进餐时间(分)

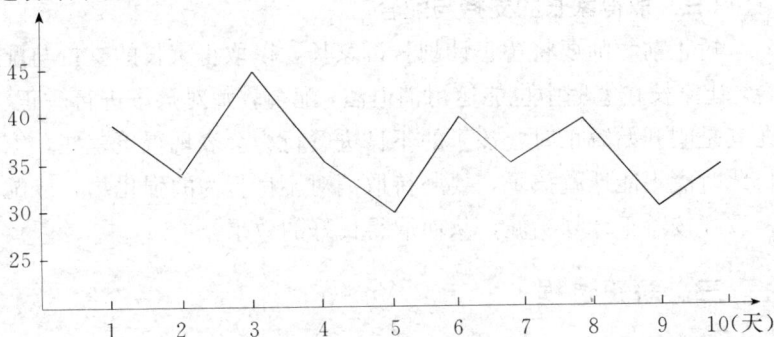

图2　幼儿英××矫正前进餐基线图

二、矫正前的准备

（一）选择首先要消退的行为

英××进餐时胃口不好，注意力不集中，又常将饭菜含在嘴中不下咽，因而进餐时间长。在运用消退法矫正这一系列问题的过程中不可能一下子将英××所有的进餐坏习惯都改掉，因此要选择一个主要的行为。为此教师选择了该幼儿在进餐时将饭、菜含在嘴中不下咽作为矫正中首先要消退的行为，然后再逐步要求其缩短进餐时间等，最终达到进餐的正常要求。

（二）确定良好的替代行为及强化物

在用消退法矫正幼儿不良进餐行为的同时，若对良好的进餐行为进行强化，有利于消除不良行为，建立所需要的良好行为。教师根据英××进餐情况及选择的被减少行为，确定"能较快地咽下食物"作为英××"把饭、菜含在嘴中不下咽"的替代行为，并根据英××的爱好，选择微笑、手工纸、红五星、新图书、新玩具等作为强化物。

（三）取得家长的支持与配合

矫正前教师要将矫正计划告诉家长，以取得家长的支持与配合，让家长在家庭中也能运用消退法，配合教师对孩子进行矫正。尤其是刚开始矫正时，孩子的不良进餐行为会表现得更差些，家长此时决不能迁就孩子，要坚持取消对不良行为的强化物，应配合教师按矫正计划实施，从而取得良好的效果。

三、矫正过程

英××从婴儿时期起，就对进餐不感兴趣，不良的进餐习惯由来已久，因而要矫正这一不良习惯也非一朝一夕所能完成的。矫正主要经历了以下三个阶段：

第一阶段（矫正的第1～4周）：对不满意行为不予强化，只强化满意行为。

基线测定后，教师即对英××实施矫正。矫正前，教师把矫正内容告诉幼儿，让英××知道教师这样做是帮助她能较好地进餐，使身体长得好，并要英××一起努力，克服不下咽饭、菜的坏习惯。刚开始矫正时，由于教师对英××进餐的不良行为不予理睬，更不喂她，英××进餐时间更长了。进餐后，教师耐心地跟她讲道理，活动时还讲故事给她听，使她懂得样样菜都要吃的道理，并希望她和小朋友一起吃完，和小朋友一起休息、活动，不落后。经过几天的矫正，当有一次进餐时，吃的是肉丸菠菜汤，英××很喜欢吃，因而咽得也比较快。教师抓住英××这一点滴进步，予以强化，既表扬了她，又奖励给她一张手工纸，英××十分高兴，教师又鼓励她明天仍要大口大口地吃，吃得快一点，如果她能做到，可在午睡前奖励她看一本新图书。果然英××又有了一些进步，教师就给她看了一本新图书。连续几周，对英××进餐良好行为的建立，教师分别用新图书、红五星、新玩具等强化物进行强化，同时还运用故事、儿歌、情景表演等内容向幼儿进行教育。在矫正过程中，每当英××吃得慢时，教师并不理睬她，而当她自己吃得有一点点进步时，就鼓励强化她。通过一系列的教育和对其良好行为的强化刺激，英××在进餐习惯和进餐时间上都有了可喜的进步。

第二阶段（矫正的第5～12周）：家园同步要求，促进良好进餐行为的建立。

英××的进餐有了进步，但在家庭中，尤其是在外公、外婆家还不能独立地进餐，还要大人一口一口地喂。于是教师和家长取得联系，希望家长能配合幼儿园对孩子的矫正，不无故迁就，坚决不喂，而对孩子良好行为的建立给予强化刺激。同时，教师还通过情景表演"比妈妈"，让英××也能像妈妈一样，为娃娃配好有营养的菜；还通过故事"蔬菜好朋友"，使英××知道各种蔬菜营养好，是小朋友们的好朋友，以此激发英××爱吃蔬菜的积极情感。通过教育，英××更懂道理了，能大口大口地进餐。在家庭中，家长对英××进餐时良好行为的点滴进步，也分别给予小红花、玩新玩具等强化刺激。在幼儿园的一次午餐后，由于英××的进步，教师让她玩小兔开车的玩具，她一脸的兴奋，还洋洋得意地告诉同伴："老师表扬我吃饭进步了。"家园共同努力，使英××在家庭中也能独立进餐，并能在半小时内和同伴一样吃好饭。

第三阶段（矫正的第 13～16 周）：逐渐脱离程序，让幼儿进入自然情景。

矫正的第二阶段后期，适逢寒假来临，假期后，英××来到幼儿园，进餐情况出现了反复，进餐时间又长达 42 分钟。教师继续运用消退法消除英××进餐的不良行为，对能大口大口地吃饭的良好行为予以强化。经过一个月的强化刺激，该幼儿的进餐时间又恢复到第二阶段的水平。这时教师逐渐减少强化刺激的次数和时间，减少物质性奖励，并多采用赞扬、点头、抚摸等社会性行为进行奖励，使英××进餐的良好行为在自然情境中逐步得到巩固，在该阶段后期，英××进餐的食欲增强了，从原来的一碗饭都吃不下，到现在吃完一碗饭后还能再添一些；进餐时间也缩短了，从原来的吃一顿饭需要 45 分钟，到现在能在 25 分种左右的时间里进餐完毕，英××进餐良好习惯已初步形成。

四、矫正结果

矫正在第三阶段有了明显的进步，教师对英××跟踪观察一周，测得英××进餐情况如下：

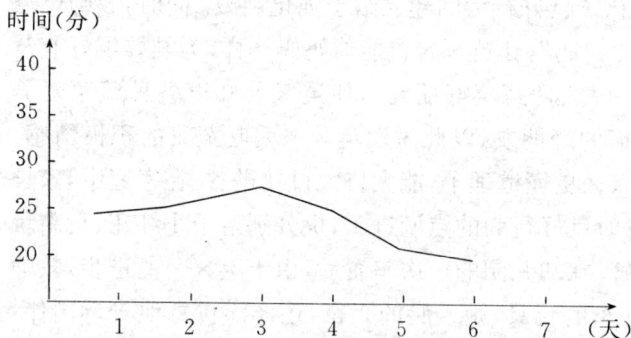

图3　幼儿英××矫正后进餐基线图

由图 3 可知，英××每次进餐的时间都在 30 分钟以下，说明接受矫正后的英××进餐障碍取得了成效。英××的外公、外婆也为之感到十分高兴，并十分感谢教师对孩子的教育。英××的外婆说："以后再也不用为英××的吃饭而发愁了。"由于英××的食欲增强了，饭量增加了，身体长得比以前结实多了，能积极地参加班级中的各项活动，性格也活泼开朗多了。

幼儿园健康教育的策略研究

陈文容　李　玮

　　幼儿园健康教育是幼儿园对幼儿实施素质教育的一个十分重要的组成部分。幼儿园健康教育的目的在于提高幼儿健康知识水平，改善幼儿对待个人健康和公共卫生的态度，培养幼儿的各种有益于个人、社会健康的行为和习惯。在幼儿园中对幼儿实施有目的、有计划、有组织的健康教育，有益于保护和增进幼儿的身心健康，为其一生的健康生活奠定基础。

　　我园是一所寄宿制幼儿园，幼儿的身心健康问题是我们关注的首要问题。几十年来，已经形成了对幼儿实施健康教育的传统。从20世纪80年代开始，我园教师就开始在健康教育的领域内进行了诸多的探索和研究，并取得了一些阶段性的研究成果。

　　如何根据健康教育本身的特点以及幼儿的年龄特征和个体差异，对幼儿进行有效的健康教育，是国内外幼儿教育理论和实践工作者研究的热点问题。我园以幼儿园健康教育的策略为突破口，从把握教育策略的高度解决健康教育的有效性问题，取得了一定的成效。

　　我们认为，幼儿园健康教育的策略是指幼儿园教师和管理人员为达成健康教育目的而有意识地对教育进行实施、调节，以求得最大教育效果的艺术、技巧或者方法。幼儿园健康教育的策略以幼儿健康教育自身的规律为依据，既要符合教育目标、教育内容的要求，适合教育对象的特点，又要考虑教育条件的可能性以及教育情景的特殊性。在策略层面上对幼儿园健康教育进行研究，会使教师和幼儿园管理人员的智慧和创造性得以充分的发挥。

在较为宏观的层面上，我们归纳了幼儿健康教育的五种策略，以此作为统一和调节我园健康教育实践活动的方略，使我园的健康教育迈上一个新的台阶。

一、将关键性概念贯穿健康教育的整个过程的策略

健康教育的关键性概念指的是：1. 幼儿的生长发育；2. 幼儿个体与自然、社会环境的交互作用；3. 幼儿对各类健康问题的判断和采取的行动。我们力求以这三个关键性概念作为线索，制定健康教育的目标，选择和组织健康教育的内容和方法。

幼儿健康教育涉及的范围甚广，幼儿期各年龄阶段健康教育的内容也应各有侧重。用关键性概念贯穿健康教育的始终，可以使健康教育的目标和内容有较为完整和合理的结构和体系，可以避免健康教育的盲目性和随机性。

上述三个概念是国际上公认的三个健康教育的关键性概念。这三个关键性概念贯穿我园健康教育的整个过程，从根本上保证了我园健康教育的正确方向，能有效地完成从认知、态度到行为的转化。

二、增强健康教育信息传播和处理有效性的策略

美国传播学家施拉姆认为，信息不能直接导致明显的行为，个体接受信息要通过感知、注意、兴趣、理解、记忆、思考到行动并坚持下去的复杂过程，才能将信息转变为行为。

信息处理和行为转变是十分复杂的过程。影响信息的因素有来源因素，如信息传播者的权威性、增强健康信息的感染力和趣味性、激发幼儿对健康教育内容学习的动机等，这样能帮助幼儿

对健康教育内容的记忆、理解和思考，帮助幼儿将健康教育的知识和态度转化为坚持性行为。

在信息传递给传播对象的过程中，传播者应重视信息的正确性。因为，幼儿行为习惯的建立往往先入为主，一旦形成将影响幼儿的一生。同时信息传播的正确性同样也影响着幼儿知识的理解和掌握。例如，为养成幼儿临睡前不吃零食、早晚刷牙的好习惯，应实事求是地告诉幼儿为什么这样做，如果不养成这个好习惯会有什么后果，而不是不科学地让幼儿以为不刷牙，睡觉时牙齿会有许多小虫钻出来吃牙齿里的东西，龋坏牙齿。这样既没有把必要性讲清，又会使幼儿产生不必要的恐惧感。

同时，在对幼儿进行健康教育时，应仔细分析影响健康教育的种种因素以及影响认知态度和行为转变的各种原因，寻找内在规律和相互联系，这样才有益于取得预期的健康教育的效果。

注意增强传播健康信息的感染力和趣味性，对激发幼儿学习健康教育内容的兴趣和欲望，以及帮助幼儿对教育内容的理解、思考与巩固有着积极的作用。在我园开展的"三浴"（日光浴、空气浴、水浴）锻炼中，水浴是幼儿非常喜爱的内容。但如果锻炼中不加以教育、引导，进入深秋或初冬季节，幼儿可能会产生畏难情绪，甚至达不到锻炼的效果。因此教师如果在锻炼初期能注意循序渐进地运用各种教育形式和手段吸引幼儿参与学习，就能有效地提高幼儿学习和锻炼的效率。同时，教师在教育过程中应坚持灵活地制定和实施教育计划，采用相应的教育方法。例如，九月份开学初，让幼儿在水池中嬉水，组织各种水类游戏，使幼儿喜欢水，喜欢玩水。然后在水浴过程中先用凉水冲淋，再是温水刺激，最后是凉水刺激。在这一过程中让幼儿用朗朗上口的儿歌，边念边擦。这种做法使幼儿做起来不会感到枯燥。在用干毛巾擦身时，教师又让幼儿玩"小毛巾学走路"的游戏，按从远到近的路线边念儿歌边擦身。幼儿又投入又开心,愉快地完成了水浴。这为"三浴"锻炼的开展和进行打下了良好的基础。需要指出的是,教师还应加强随机教育和教育活动中的强化和巩固,让幼儿在活动和游戏以及激励机制中加强认识,将获得的知识和态度逐步转化为正确的行为习惯。

三、在群体作用下,促进个体形成健康态度和行为策略

态度是个体对待人和事物所持的一种具有持久性和一致性的评价和行为倾向。态度对幼儿卫生行为方式和习惯的形成具有指导性的作用。

在群体中,每个成员都占据一定的社会地位,扮演一定的社会角色。社会心理学家勒温认为,个体与群体之间常处于平衡状态,当这种平衡被破坏时,就会引起个体的紧张,这种心理紧张刺激会促使个体通过努力与群体取得新的平衡。在群体的作用下,个体重新认识自己的行为,并转变自己的行为,才能与群体达到平衡。不同的群体会对个体产生不同的影响作用,因此,要想改变个体的行为,与其针对个体,不如从改变群体的规范着手效果更好。

从策略的角度,我们不能硬性要求这种平衡,而是应努力为幼儿创设良好的物理和心理氛围。这其中包括应尽量创设和保持集体的良好气氛,使幼儿之间相互影响和作用,这样既容易使幼儿改变种种不利于心理健康的行为和习惯,也容易使幼儿形成种种良好的行为和习惯,并且较为稳固地保留下去。幼儿园是培养健康心理的良好场所,个体容易在集体健康的气氛中,使情感与认知相互协调。加之教师对幼儿的教育、启发、支持和帮助,以及同伴之间的接触、交流和相互作用,可以促进个体在集体氛围

中形成健康的态度和行为。

"三浴"锻炼是体育锻炼和游戏活动、集体要求与幼儿个体发展需要相结合的活动。要使幼儿不怕苦，不怕难，喜欢"三浴"锻炼，激发幼儿自身的积极性，就要发挥集体的作用，在群体中营造一种愉快、向上的氛围，使个体在这种氛围中受到感染、鼓舞，自觉地投入到活动之中。同时在活动中，教师要恰当地对个体在集体中的表现加以启发、引导，适时地给予支持和帮助。也可通过加强同伴间的接触、交流以及激励机制，提高幼儿的认识，巩固幼儿的行为，促进师生之间在认知、情感和行为上的互助，促进幼儿之间在认知、情感和行为上的互动。

四、同时增强转变力和减弱抵制力的策略

根据勒温用场内力学的观点解释环境中影响群体行为的各种因素的理论，在幼儿健康教育中，可采用三种策略来转变幼儿的行为：1. 增强转变力；2. 减弱抵制力；3. 同时增强转变力和减弱抵制力。

在"三浴"锻炼过程中，幼儿在锻炼中难免会有畏难情绪，教师要尽可能地了解幼儿的心理活动，鼓励幼儿充分表达自己的感受，可以有的放矢地进行教育，然后帮助幼儿消除顾虑，提出抵制的理由，诱导幼儿对健康行为作出选择，自己解决问题。例如，帮助幼儿在冬天的"三浴"锻炼中养成随着活动量的增加，学会逐渐减少衣服、不怕冷的意志行为。分别可以运用第一种策略，着重强调活动中逐渐减少衣服会有什么好处；运用第二种策略，帮助幼儿认识他们所提出的种种抵制理由是站不住脚的；运用第三种策略，同时进行两方面的工作，直到幼儿改变态度，并转变为一定的行为为止。根据场内力学理论，单从增强转变力而导致的行为转变，可能只是暂时的，容易出现反复；如果单从减弱抵制

力而导致的行为转变，具有较为长远保持的可能性。在健康教育中，我们运用第一和第二种策略相结合的方式，既增强了转变力，又使幼儿充分地表达了自我感受，消除了顾虑，引导他们学会自己解决问题，我们认为，这种策略的教育效果较好。

五、创设游戏情景，给予自我心理体验的策略

幼儿有意注意的时间短，兴趣性较强，容易受环境等各种因素的干扰，自我表达的能力较差。而游戏是幼儿的基本活动，他们在游戏中可以自然地流露其内在的心理冲突以及用语言所不能表达的情绪情感。在游戏中幼儿能自由、轻松地感受和学习健康的态度、行为和习惯，给身心带来快乐，从而得到良好的心理体验。

在"三浴"锻炼中若组织得不好，将会是十分枯燥而艰苦的活动，幼儿往往会畏难退却，甚至逃避。这样，就难以达到"三浴"锻炼的目的。我们在"三浴"锻炼中积极为幼儿创设游戏情景，激发幼儿去做自己想做的事情，没有了约束和负担，发展了自我力量，使"三浴"锻炼逐渐成为幼儿自觉和愿意参与的活动，这时再逐渐加入教师的要求，幼儿会很好地接受。

例如，对入园仅一个月的中班幼儿来说，"三浴"中的一切都是陌生的。然而，当教师在草坪上摆放了一只只色彩绚丽的彩球时，一下子激发起了幼儿要游戏的动机。幼儿在教师的鼓励下触摸着彩球，尝试着一个人滚球，两个人滚球，甚至三四个人一起滚球，逐渐地，幼儿创造出了许多新奇的玩法：大家排起长龙，推着球滚动；有时又围成一圈，大家一起向着圆心推球，或朝着相反的方向滚动。在滚球游戏中，偶尔也会伴有教师对基本队形的要求。这样，幼儿既获得了自发游戏的体验，又轻松快乐地学会了"三浴"锻炼中所需要的二列纵队、四列纵队和圆形等基本队

形。

由此可见，游戏活动可以帮助幼儿理解和掌握活动的要求，激发幼儿主动学习的积极性。同时，幼儿可以在教师的引导下运用某些玩具、游戏情景，根据幼儿在游戏中出现的潜在体验，进行分析、讲评，使幼儿将无意识体验变成有意识体验，提高自制力，逐步地实现自我控制，进一步建立和形成良好的健康态度和行为。

当一名胆小、怯懦的幼儿在奔跑中跌倒，在没有他人帮助的情况下自己含着眼泪站起来时，教师马上在集体中表扬了这个勇敢的幼儿。受到鼓励的幼儿在接着进行的"献爱心"游戏中，战胜了自我，为了集体的荣誉，一步步地走过独木桥，推起小车，把"书包"送给了"贫困地区的孩子们"，成了一个真正勇敢的好孩子。幼儿正是通过游戏的体验提高了认识，认识到了自己的力量，逐步学会由自己作出选择和决定，从而促进了幼儿自身的发展。

在以健康教育为研究目标的策略研究中，充分发挥了以幼儿为主体的教育作用，将个人与集体、自由与竞赛、分散与集中有机地结合起来，充分地发挥了幼儿学习的主动性和积极性。由于利用了策略，也提高了我园"三浴"锻炼这一健康教育活动的效果，不仅锻炼了幼儿良好的身体素质，而且发展和提高了幼儿健康的心理品质。

小班幼儿不良情绪反应成因及教育对策的初步研究[*]

郭宗莉　钟小锋

一、问题的提出

情绪是人类在种族进化过程中获得的一种心理功能，它在幼儿心理活动中起着十分重要的作用，是幼儿行为和认知的唤醒者。教育实践中一个突出的现象反映出，幼儿心理活动的无意识性是受情绪左右的。良好的情绪及其行为对于幼儿健康成长有着积极的意义，而不良的情绪及其行为反应则不利于幼儿正常活动的进行，对其发展具有消极作用。

3～4岁幼儿入园后，由于与家人的分离焦虑以及对新环境的不适应，在最初的几周常伴有强烈的不良情绪化反应，这对正常的教育活动和班级工作的开展带来了一定的消极影响。本文通过对3～4岁幼儿入园后不良情绪的反应特征、成因、强度及教师所采取的相应的教育对策的研究，旨在了解幼儿来园后不良情绪产生及其发展变化的特点，并将实践中教师采用的有效的教育对策予以总结归纳，以指导小班教师提高教育工作的针对性和有效性，使幼儿来园后能尽快稳定情绪，适应新的生活环境，以获得最大程度的发展。

---

[*]　参加本课题研究的还有：卓　敏、孙　燕、张　健、缪丽敏、筑颖斌。

二、研究方法及过程

（一）研究对象

本研究的对象是上海市卢湾区思南路幼儿园三个小班的所有在园幼儿共计 78 名，年龄均为 3～4 岁，男女幼儿人数相当，家长所从事的职业广泛。

（二）研究步骤

1. 对幼儿不良情绪反应的界定

精神分析学派是在各种心理学派中最重视情绪研究的，该学派认为，情绪是人类本能的内驱力的满足。通过长期对幼儿不良情绪及其行为反应的观察，我们认为，不良情绪反应是幼儿内在需要未能得到充分满足时，伴随一定的生理变化所产生的一种简单的内在体验，具有较明显的冲动性、情境性，并伴随相应的外部行为表现和表情。

2. 研究方法

本研究主要采用观察法中的抽样观察法（行为抽样），依据幼儿不良情绪反应具有明显的外部行为表现，我们将幼儿情绪化反应方式主要定为四种，情绪反应成因定为五种，情绪化反应强度定为四种，教育对策主要定为五种（见表 40），并制成便于日常及时观察记录的观察表，以便随时记录，我们同时辅之以个案分析、调查等方法进行。

最后将观察记录结果通过统计处理，数据结果以表格的形式体现出来。

表 40　抽样观察各类指标

不良情绪反应方式（F）	成因（C）	强度（Q）	教育对策（d）
1. 大哭大闹	1. 依恋家人	1. 每周 5 次以上	1. 情绪安慰（a. 语言；b. 动作）
2. 独自流泪	2. 能力差，不适应	2. 每周 1～4 次	2. 转移注意力（a. 玩具；b. 语言）
3. 情绪低沉（不主动参加活动）	3. 身体不舒服	3. 每月 1～3 次	3. 激发幼儿的活动兴趣
4. 拒绝活动	4. 对（玩具、饭菜）不感兴趣	4. 基本没有	4. 主动鼓励幼儿
	5. 争抢玩具		5. 自然适应

（三）研究时间

本研究分为三个阶段

1. 第一阶段（1996 年 3 月—1996 年 8 月）：收集资料，形成课题。

2. 第二阶段（1996 年 9 月—1997 年 3 月）：通过观察等方法收集观察数据资料。

3. 第三阶段（1997 年 3 月—1997 年 5 月）：整理数据，分析结果，总结讨论，形成研究成果。

三、研究结果及分析

（一）幼儿不良情绪反应在整个研究阶段的表现强度

表 41　幼儿不良情绪反应在不同阶段的表现强度

人次 *　　　　　时间段　　　反应类型	第一个月	第二个月	第三个月	第四个月	第五个月	第六个月 ＊＊
大哭大闹	69	17	6	1	2	5
独自流泪	49	11	10	13	8	14
情绪消沉	456	146	57	28	21	32
拒绝活动	89	24	6	13	7	11

注：＊人次以幼儿这一反应出现为一次，同一幼儿可重复。

　　＊＊第六个月为第二学期的第一个月。

从表 41 可以看出：

1. 随着幼儿来园时间的延续，通过教师的教育，幼儿的不良情绪反应逐渐减少，强度变弱，即使第六个月（新学期第一个月），幼儿也未出现高强度的不良情绪反应。

2. 第一个月是幼儿不良情绪反应最为强烈的阶段，到第二个月明显减弱。可见第一个月是幼儿不良情绪由强烈对抗到逐渐缓和的阶段，也是对幼儿进行教育的关键期。

3. 在各类不良情绪反应中，情绪消沉、不主动参加活动是不良情绪的主要表现方式。这与幼儿对新环境的陌生和幼儿自理能力及参与能力较差都有一定的关系。

（二）在一日生活中，幼儿不良情绪反应的表现状况

表 42　不同活动领域中幼儿不良情绪反应的表现状况

反应类型 ＼ 活动领域	来园	游戏（户外）活动	教学活动	进餐	入厕	午睡	盥洗
大哭大闹	89	/	/	7	3	1	/
独自流泪	67	/	2	19	1	16	/
情绪消沉	704	2	9	21	/	4	/
拒绝活动	94	1	32	5	1	17	/

从表 42 可以看出：

1. 幼儿不良情绪反应主要集中在来园这一段时间。由于与家人的分离以及幼儿自控能力较差，所以易产生程度不同的不良情绪反应，除此之外，在一日生活中，进餐和午睡也会有少部分幼儿产生不良情绪。因为幼儿在家庭中进餐和睡眠时，一般会得到父母或其他成人的照料，在幼儿园，教师不能逐一亲自照料，易引起幼儿的情绪波动。

2. 幼儿感兴趣的活动可以转移或消除不良的情绪反应，如游戏（户外）活动、教学活动时，幼儿极少产生不良情绪；盥洗活动中，不良情绪反应为零。

（三）幼儿情绪化反应成因表现

表 43　幼儿不良情绪化反应的成因状况

人次　　成因 反应类型	依恋家人	能力差 不适应	身体不适	对活动不 感兴趣	争抢玩具
大哭大闹	52	/	14	/	34
独处流泪	61	9	34	/	1
情绪消沉 *	114	187	196	246	/
拒绝活动	51	42	47	10	/

注：＊情绪消沉中部分人次原因不清楚。

从表 43 可以看出：

1. 幼儿不同类型的不良情绪反应往往有着特定的原因。例如，大哭大闹主要是由于依恋家人和争抢玩具引起的，幼儿身体不适时也会哭闹；而独处流泪主要是由于依恋家人和身体不适引起的。

2. 引起幼儿不良情绪反应的主要原因是：依恋家人、由于能力差而对活动不感兴趣和身体不适，其反应方式是多样的。这说明 3～4 岁幼儿由于对家人的依赖加之活动能力差，使其在某些方面不能独立地进行活动，当有困难需要教师帮助时，又不能及时与教师沟通，导致幼儿一些内在需要不能及时得到满足，从而产生不良的情绪反应。此外，幼儿身体不适也会直接影响幼儿的情绪。

（四）幼儿各类情绪化反应及相应的教育对策

表 44 幼儿各类情绪化反应及相应的教育对策

反应类型 \ 教育对策 \ 次数	情绪安慰（语言、动作）	转移注意力	激发活动兴趣	积极鼓励	自然适应
大哭大闹	11	89	/	/	/
独自流泪	68	6	/	31	/
情绪消沉	42	3	321	138	236
拒绝活动	/	/	37	41	72

从表 44 可以看出：

1. 教师对待不同类型的情绪反应时一般采用相应的对策。例如，大哭大闹是幼儿极度化的情绪反应，如不马上加以制止，会影响班级整体，所以教师主要采取转移注意力、情绪化安慰的教育对策加以控制。当幼儿情绪消沉或拒绝活动时，教师多采取自然适应的教育对策，因为这两类情绪化反应的成因较广，而这两类反应对其他幼儿不会产生显著的干扰和影响，所以在调动他们活动的兴趣和鼓励的前提下，自然适应也是一种较好的方式。

2. 从表 44 中还不能看出教师总体上选用最多的是哪种教育对策，这说明，对于不同类型的情绪化反应就应采用相应的教育对策。例如，当幼儿情绪消沉时，教师常用激发活动兴趣来使幼儿进入积极的情绪状态。

四、讨论及教育建议

3～4 岁幼儿入园后产生的不良情绪化反应是幼儿对新环境

不适应的必然反映。3 岁以前婴儿的生活主要依赖于成人的照料，3 岁以后幼儿进入心理断乳期，自我意识开始萌芽，有了社会化交往的意识，但由于其身心发展的水平较低，尤其是 3 岁左右的幼儿能力发展（包括自理能力）较差，所以进入幼儿园过集体生活，一些基本的生活自理活动的完成有一定的困难，如大小便不会脱裤子、吃饭时不会正确使用小勺子等，常常使幼儿产生不安全感和恐惧感，加之初入园幼儿的言语能力发展和思维水平均较有限，因此不能很好地表达自己的愿望和与别人沟通，只能被动地沉浸于自己消极的情绪状态之中。

教育建议：教师应将小班幼儿的不良情绪反应看做是一种正常的现象，在开学初应尽可能地通过家访，了解每位幼儿的家庭背景及家长的抚养方式和幼儿能力的发展状况，做到心中有数，尽可能有效地帮助幼儿克服不良的情绪反应。总之，应尽量采取多种方法帮助幼儿不良情绪的顺利转化。

幼儿园对现代家庭保育实施
多维化指导初探

曹 力

一、问题的提出

健康是人类向往与追求的目标。作为健康的重要组成部分,幼儿健康日益受到重视。《幼儿园工作规程》(以下简称《规程》)中提出:"幼儿园实行保育与教育相结合的原则,对幼儿实施体、智、德、美全面发展的教育,促进幼儿的身心和谐发展。"由此可见,保育工作在幼儿园的地位与作用是何等重要。幼儿园中的幼儿保育工作的重要性是不容置疑的,那么有没有影响幼儿健康的其他因素呢?

我们认为,幼儿保育至少应该包含以下几方面(见图4):

家庭对幼儿的保育也是幼儿保育的重要环节之一,对幼儿健康成长起着十分重要的作用。1987—1988年著名儿科专家刘湘云教授曾对128名上海市"健优幼儿"进行调查,并与128名一般幼儿相对照。调查结果证实,幼儿发展的差异取决于家庭环境。然而,针对家庭保育现状所做的调查分析结果显示,1.我国幼儿生长发育指标呈上升趋势,但存在一些营养性的疾病:(1)营养过剩引起的肥胖儿增加;(2)0～7岁幼儿贫血的患病率仍高达40%以上,问题突出;(3)营养不良幼儿达到20%左右。2.幼儿体格发育总体状况提高,对环境的适应力却很差。3.幼儿的心理问题

```
                    ┌─────────────────┐
                    │    幼儿保育       │
                    │  （3～6岁幼儿）   │
                    └─────────────────┘
                             │
                             ▼
              ┌──────────────────────────────┐
              │        幼儿保育内容            │
              │（生理、心理、社会适应能力等方面）│
              └──────────────────────────────┘
         ┌───────────────┼───────────────┐
         ▼               ▼               ▼
┌──────────────┐ ┌──────────────┐ ┌──────────────┐
│  幼儿园保育   │ │   家庭保育    │ │   社会保育    │
│ 教师、保育员、 │ │ 父母亲、其他家 │ │ 医生、防疫员、生│
│ 营养员等      │ │ 庭成员等      │ │ 活用品厂商等   │
│ 为幼儿提供良好 │ │ 为幼儿提供良好 │ │ 防治幼儿疾病，│
│ 的环境实施科学 │ │ 的家庭生活环境，│ │ 提供生活必需品，改│
│ 教养，帮助幼儿 │ │ 实施科学教养   │ │ 善生存条件等   │
│ 获得全面发展   │ │               │ │               │
└──────────────┘ └──────────────┘ └──────────────┘
                             │
                             ▼
                    ┌─────────────────┐
                    │   幼儿健康发展    │
                    └─────────────────┘
```

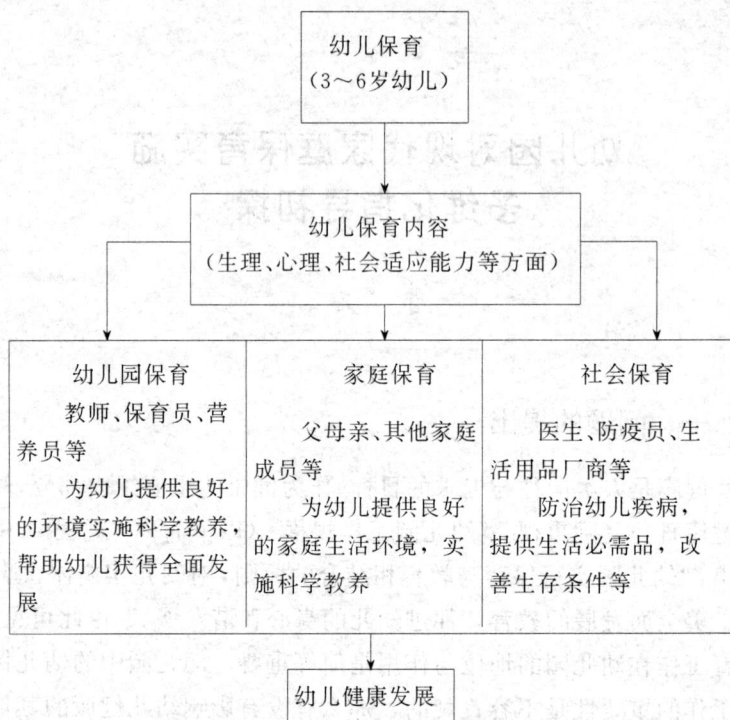

图4 幼儿园保育内容示意图

呈上升趋势，且心理问题出现的年龄越来越低。此外，根据对北京等九个城市的 160 000 名幼儿的调查结果表明，肥胖儿与遗传因素的关系甚微，而与父母的文化水平、营养观念等密切有关。上海市的一项调查结果也表明，幼儿的营养水平与父母的饮食习惯、营养观念具有显著性相关。

以上仅以幼儿营养发育为例，说明了家长因素对幼儿健康发展所起的作用。因此，在幼儿保育工作中离不开家庭教育这一主要环节。那么，目前幼儿保育的现状如何，幼儿园可以通过哪些方法、途径帮助家长提高保育观念，促进幼儿的健康发展，我们为此进行了初步的探索。以求得家庭、幼儿园对幼儿保育的一致性，促进幼儿身心健康和谐的发展。

二、研究的方法

1. 本研究随机抽取本园小班幼儿家长 30 名，大班幼儿家长 30 名，进行问卷调查。由于大班家长已接受了两年半的幼儿保育指导，而小班家长刚开始接受有关指导，因此问卷调查结束后，对问卷调查结果进行了差异比较。

2. 调查内容分选择题、简答题两个部分。对家庭保育中的幼儿生理保育、心理保育两个方面对家长进行调查，以家长保育观念、保育方法、幼儿健康水平中的部分内容为具体调查内容。

三、结果分析

（一）幼儿健康状况

表 45　幼儿体质情况及百分比

	很好		一般		较差		很差	
	N	%	N	%	N	%	N	%
小班	4	13%	21	70%	4	13%	1	3%
大班	7	23%	22	73%	1	3%	0	

表 46　幼儿主要心理问题及百分比

	胆怯		固执		易发怒		孤僻	
	N	%	N	%	N	%	N	%
小班	4	13%	5	16.7%	5	16.7%	0	
大班	2	6.5%	2	6.5%	1	3%	0	

表 47 幼儿进餐习惯及百分比

	自己吃饭		边吃边玩		要大人喂		含 饭	
	N	％	N	％	N	％	N	％
小 班	15	50％	22	73％	15	50％	2	6.5％
大 班	30	100％	8	27％	0		0	

由表 45、46、47 可知，大班幼儿的体质与心理问题状况明显好于小班幼儿。仅幼儿体质状况一项，经统计检验（$X^2＝3.48$，$P＜0.05$），大班幼儿与小班幼儿存在显著性差异；幼儿存在的心理问题主要表现为胆怯、固执、易发怒三个方面，小班幼儿的百分比率均高于大班幼儿；幼儿进餐习惯一表表明，大班幼儿已全部养成自己独立进餐的习惯，小班幼儿中仍有一半的幼儿需要成人的帮助，边吃边玩的百分比率高达 73％，而大班幼儿为 27％。

（二）家长保育观念情况

表 48 安排伙食的原则

	喜欢吃什么就买什么		能买到什么就吃什么		图方便		根据营养要求有计划地安排	
	N	％	N	％	N	％	N	％
小班家长	14	47％	5	17％	2	6.7％	9	30％
大班家长	7	23％	2	6.7％	2	6.7％	19	63％

表 49 幼儿离园后的活动安排情况

	在家庭中自己玩		适当的体育活动		进行学习		到弄堂或新村同其他幼儿一起玩	
	N	％	N	％	N	％	N	％
小 班	26	66.7％	1	3.3％	3	10％	0	
大 班	16	53.3％	5	6％	8	26.7％	1	3.3％

由表 48 可知，大班幼儿家长安排伙食的原则，随意的只占 29.7％，而小班家长则高达 54％。63％的大班家长能根据营养要求有计划地安排伙食。

由表 49 可知，多数幼儿在离园后都是以室内为活动场所，从中反映了当今家长对独生子女生活活动空间限制较多。独生子女处于"独生"地位，群体活动只局限在幼儿园中，离园后多为个体活动。活动内容以游戏、看电视、画画、弹琴、看书等为主，缺少户外活动，这对幼儿的健康是不利的。

（三）家长保育方法与行为

我们以问题的形式对家长进行调查：当孩子不肯好好吃饭时怎么办？小班家长提出的答案主要有：随孩子去、讲道理、用物质刺激、哄骗、打骂、吓唬、硬塞、没有办法等；大班家长提出的答案主要有：变换花色品种、教育引导（讲食品营养）、改善用餐气氛、编故事进行说服教育、等待孩子有饥饿感、责骂、满足孩子的要求等。从家长的回答中我们可以看出，小班家长追求的是最终让孩子吃下饭菜的结果，所采用的方法不尽如人意；大班家长所采用的方法更多地是从孩子的角度出发，从营养的角度出发，方法较多。

四、讨论与小结

1. 通过以上调查可以了解到，我园幼儿家长的保育观念与保育行为存在着较大的差异，大班家长优于小班家长，并直接影响着幼儿的健康和健康习惯的培养。

2. 对大班家长实施的幼儿保育宣传与指导，对家长的保育观念与保育行为起着重要的作用。

3. 小班家长缺乏保育知识与经验，需要加强有目的、有计划的指导；大班家长的保育指导应进一步完善、提高。

五、我们对家长多维化保育的具体指导

（一）强调保育内容的多维化，提高家长的家庭保育意识，转化家长的家庭保育观念

家长在对孩子的保育中往往用保护替代保育，而过度的保护非但不能促进幼儿的健康发展，反而会影响幼儿的身心发展。现在的家长普遍重视营养，却有相当数量的家长不会合理地调配营养，不会科学喂养，不知道正确的保育究竟应该包括哪些内容。《幼儿教育百科辞典》中将幼儿保育定义为："幼儿保育是指成人为0～6岁幼儿提供生存和发展所必需的环境和物质条件，并给予精心的照顾和培养，以帮助幼儿获得良好的发育，逐渐增进其独立生活的能力。"所以，广义的保育包括对幼儿身体的照顾和各种心理过程的发展和培养，以帮助幼儿获得良好的发展，逐渐提高其独立生活的能力。保育的内容是十分广泛的，而不仅仅是满足幼儿吃好、穿好、睡好的需要。我们在指导中，为了有目的、有计划地向家长进行保育指导，将家庭保育内容根据幼儿的实际、家长的需要、幼儿园保育的任务分成几大块内容，即：幼儿生长发育与合理的营养；幼儿生长发育与有效的锻炼；幼儿良好生活习

惯与自理能力的培养；幼儿健康心理培养的重要性等。这几大块内容由各年级组按需选择，在每个学期中有侧重地向家长进行宣传与指导。由于重点突出，抓住并强化了保育内容的要点，使教师在指导中目的明确，家长也因内容相对集中而易引起重视。例如，小班幼儿家长普遍反映孩子在幼儿园里能正常进餐，而在家庭中却厌食、挑食。针对这一情况，教师们就及时召开了专题家长会，对家长进行合理的饮食搭配、指导孩子进餐方法等方面的指导，并定期在小班的家园宣传栏上做有关方面的宣传，以丰富家长的营养保健知识,指导家长科学合理地培养幼儿的饮食习惯，并及时在家园之间沟通信息。

（二）家庭保育指导形式多维化，方法灵活多样，注重实效性

20 世纪 90 年代的家长普遍具有一定的文化知识，并且理解能力强，善于接受现代教育信息，所以我们在对家长进行指导的过程中，不能墨守成规，仅停留于空洞的说教。要充分调动 90 年代家长的优势与特点，让家长多看、精听、重实践。

多看：看半日活动、看家园宣传栏、看教育实例。我们将每月的 20 日定为家长开放日，向家长开放半日活动，让家长有机会了解幼儿园是如何进行保教工作的,孩子在幼儿园里是怎样生活、学习的，教师又是怎样开展保教指导的。例如，中一班阳阳小朋友的家长中年得子，对儿子百般呵护，总担心孩子在幼儿园里吃不好、睡不香，不准孩子脱衣服，甚至请人每天把孩子接回去午睡。在教师的多次邀请下，家长来观看了一次半日活动，之后他们对教师说："我们的担心是多余的，孩子在幼儿园里简直像换了一个人，老师照顾得仔细周到，我们还有什么不放心的呢?!"此外，我们邀请一些家庭在家长会上表演家庭生活小品，将有关保育知识渗透其中，让家长看后展开讨论。由于形象生动，引起了家长的共鸣，使他们认识到，父母的一言一行影响着孩子的健康成长。

精听：听专家的讲座，听医生、教师的个别咨询。我们依靠家长和社区的力量，请儿童保健专家、儿童心理专家做有关的专题讲座，并开展咨询活动。这些讲座十分精炼实用，增强了家长的保育意识，丰富了他们的保育知识。例如，"幼儿常见疾病的预防与治疗"、"幼儿饮食卫生习惯的培养"、"幼儿入学前心理准备与指导"等等。每周五早晨7：30至8：30，儿科医院的儿童保健医生来园为幼儿诊疗，向家长宣传科学、正确的养育方法。如果说讲座是对家长进行集体性的指导，那么，每周的咨询解决的就是个别性的问题，使保育指导更具有针对性。保健员和教师们经常利用离园这段时间与家长进行个别交谈，了解幼儿在家庭中的情况。例如，一位叫馨馨的女孩，严重挑食，饮食单调，不会咀嚼食物，宁肯吃白饭也不吃肉和菜。经了解发现，其母亲本身也是严重偏食，且在家庭中为孩子准备的食物都剁成糊状，使孩子从小就失去锻炼的机会。在教师的宣传与建议下，从强化母亲的保育知识入手，家园合作，终于使孩子逐渐纠正了不良的饮食习惯。

重实践：在竞赛中实践，在生活中实践。保育观的转变只有落实到正确的保育行为上才会产生实效，而家长们缺乏的也正是最基本的操作方法。除了书本、专家、教师提供的保育经验外，从家长实践中得出的经验更容易被年轻的父母们所接受，因此幼儿园应成为交流育儿经验和体会的最佳场所，使幼儿园不仅是幼儿的乐园，也是家长的学校，而家长也是这所学校的教师。例如，我们将妈妈们组织在一起，收集了许许多多的儿童服装，进行了一次别开生面的幼儿服饰展示会，让妈妈们根据幼儿的特点、季节的特征等因素自由组合、搭配一套服装。在之后的自我评点时，中二班的一位妈妈说："以前只晓得让孩子穿得漂亮或者暖和，参加了今天的活动，我明白了孩子的穿着中也有许多的科学道理。"有的幼儿一到冬天家长就为他套上三四件毛衣，外加滑雪衫、大衣，把孩子裹得动弹不得；有的幼儿袖口和领口都十分窄小，不易穿脱，也不易活动，在这次家长活动后，家长对这些细小却关键的保育细节上都给予了高度的重视。

（三）树立为家长服务的观念，解决家长的后顾之忧，为家庭保育工作提供便利条件

由于社会发展的需要，家长们大部分的时间与精力花在了工作与学习上，而花在孩子教育与保育方面的精力就相对减少了。作为教育与服务机构的幼儿园，就有责任去解决家长们的后顾之忧，尽量为家长提供便利条件，与此同时，这种做法也会带动家庭保育工作质量的提高。在幼儿营养保育工作中，我园形成了一条龙服务：为幼儿提供早餐；为双职工家庭配制净菜；双休日食谱推广等。炊事员几乎每天都要提前一小时来园准备早点，营养员开动脑筋在花色品种、膳食平衡上做文章，所有的后勤人员都放弃了午休，为净菜加工忙碌……大家的目标只有一个，为幼儿的保教工作尽心、尽力、尽职。

总之，多方位、多渠道地向家长宣传幼儿保育知识，能增强家长们重视幼儿保育的意识，从而使家长们从自身做起，从家庭做起，主动地与幼儿园密切配合，使家园教育得到同步发展，同时也鞭策我们幼儿园为幼儿保育工作探索更有效的方法和途径。做好家庭保育指导工作并非是一朝一夕可以完成的，在实际工作中我们深深地感到，只有幼儿园、家庭乃至整个社会都配合起来，全方位地合作，做好幼儿的保育工作，孩子们才会真正朝着健康的目标发展。

参 考 文 献

李洪曾．家长学校教材（幼儿卷）．苏州：苏州大学出版社，1995

朱家雄．幼儿教育百科辞典．上海：上海教育出版社，1985

吴锦骠．幼儿营养保健研究论文．徐汇区教育学会第四届年会，1998

徐汇区"幼儿园保育工作研究"的推广实践

阮惠倩

一、推广的缘由

为加强幼儿园保育工作，确保《幼儿园工作规程》（以下简称《规程》）精神落到实处，推动幼儿园保育工作实践，以保证幼儿获得全面而良好的发展，1997年徐汇区教育局幼教科提出了"幼儿园保育工作现状及对策研究"的课题，通过对全区保育工作现状的调查，提出了规范、科学并具有可操作性的保育对策。

这一课题的实施从根本上贯彻了《规程》中提出的保教并重的思想，真正提高了队伍的素质，更新了教职工的观念，促进了保育工作质量的全面提高。此课题于1998年荣获"徐汇区教科研成果一等奖"。我们在课题获奖并取得良好效果的同时，即着手将本课题推广至全区幼儿教育的各个层面，目的在于提高全区各级各类幼儿园整体的保育工作水平和办园质量，使幼儿园的办园质量能符合现代社会发展的需求、幼儿健康成长的需求，能符合徐汇区一流城区、一流幼儿教育的需求，以及满足徐汇区人民政府对广大区民"优质教育、充分教育"承诺的需求。

二、推广的概况

（一）课题推广实践的思考

整个课题推广的过程，是不断研究、不断反思、不断推广、不断提升的过程。我们对推广课题成果与实施课题研究做法的思考是：从原来已定势的传统的、经验型的思维方式和操作行为，如园长在管理中存在的重教育轻保育的倾向、保育工作中存在的家庭化和经验化做法等等，着手研究、推出新的工作对策，也就是给予新的刺激，以达到新的规范的、科学的要求与操作，从而引起传统的思想观念、思维方式的根本变化；然后以明确的、有效的实施方法和手段，用推广课题、指导操作、培训队伍、考核质量、评估优劣等来强化操作行为，也就是四个方面相结合的做法；最后形成了新的动力定型，即形成新型的保育观念的定型、规范的操作行为的定型、而新的动力定型又会在新的要求和发展中再更新、再完善、再发展。它的步骤简单概括为：

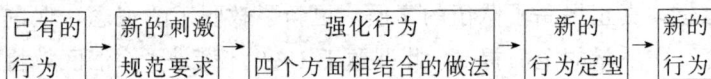

| 已有的行为 | → | 新的刺激规范要求 | → | 强化行为
四个方面相结合的做法 | → | 新的行为定型 | → | 新的行为 |

随着教育改革的深入，保育内涵的不断扩展，幼儿园保育工作将不断更新，不断趋于完善。

（二）推广的时间

徐汇区幼儿园保育工作研究成果的推广时间为 1997—1999年，历时三年。

（三）推广的原则

1. 循序性原则

推广成果的过程是由点及面，由示范园推广到普通园，由学区试点园推广到面上各级各类幼儿园，由公办幼儿园推广到各种体制办的幼儿园，由教育内部推广到教育外部，循序渐进，在全区 128 所托幼园所内层层推进。

2. 发展性原则

在推广成果的过程中，我们不断修正、丰富、完善原课题的实施方案及规范操作的要求。例如，我们首先从保育工作最直接的操作者——"三大员"的日常工作规范操作着手，而后又增加了"教师保育工作要求与对策及园长对保育工作管理的要求"，把保育工作的研究整体地落实于幼儿园的各个层面。我们不断总结经验，提出新的构想，使课题在原有的基础上得到了发展。

3. 指导性原则

课题研究组在推广过程中，不断对全区园长、试点园所及各个层面的操作人员进行了以下几个方面的工作：（1）现场直接指导；（2）专题讲座指导；（3）开展阶段性的研讨活动；（4）督导评估指导，即对各级园所的实施情况进行评估、指导。通过以上几方面的工作，充分体现了课题研究组对课题实施推广工作的指导性。

4. 整体性原则

推广的组织结构较全面，由行政、督导、科研共同参与，在研究过程中又形成了课题推广行动领导小组思想、目标、行为的整体性，课题推广实施单位也形成了全员投入的整体氛围，即从园长对保育工作管理，教师教育活动中保育意识渗透，到后勤"三大员"保育工作的规范操作，人人都重视研究课题的推广，人人都参与课题推广的实践。

5. 辐射性原则

通过乌南幼儿园、宛南幼儿园两个示范园的典型经验总结、交流、传递，进行示范辐射，再扩大辐射到各学区的试点园，由学区试点园的经验再向各级各类幼儿园辐射，使整个课题推广具有广泛性、普遍性，取得了较大的收益。

（四）推广的内容

推广的内容分为两个层面：一是课题研究层面；二是幼儿园具体操作层面。课题研究层面包括：情报研究成果，即幼儿园保育情报综述；课题研究成果，即幼儿园保育工作研究的整体构思和对策的制定，也就是园长对保育工作管理的要求、教师日常保育工作要求与对策、幼儿园后勤"三大员"操作规范；评价研究的成果是指"幼儿园教师、后勤'三大员'保育工作操作的评估指标体系"。幼儿园操作层面包括：观念更新；队伍优化；操作规范；管理科学及硬件建设，如餐厅、卧室、厨房、保健三室的创设等。

（五）推广的基本方法

1. 行政、科研、督导相结合

课题研究借鉴了行政、科研、督导的力量，由行政、科研、督导相结合组成的课题研究组，为课题全面成功推广起到了保证的作用。由区教育局幼教科牵头的课题研究与推广工作，推及至全区各级各类园所，影响力大，而且能调动"课题研究与推广"所需的人力、财力与物力，体现了行政部门的行政指令性与协调性，区幼教科研人员的参与在课题研究与推广的过程中，能把握课题研究的前瞻性、科学性，并起到积极的指导作用；而区幼教督导人员的参与，加强了课题研究与推广的力度，完善的评估指标、专项督导评估，保证了课题推广的实效性。

2. 推广、培训、进修相结合

我们在推广课题的同时将课题成果形成培训教材，"幼儿园保育"作为课程被安排在教师的 240 学时的培训中，使培训收益面遍及全区；将规范操作摄制成录像专题片，作为各园新上岗人员及各园教职工的培训教材；各学区组织多种评比活动，如保育员、营养员单项技能操作，教师特长展示，知识竞赛等，加强技能训练，提高实际操作能力；加强教职工的学历进修、职后培训，提高队伍素质，以使其达到规范操作的高标准。保健员参加大专学历进修实现了零的突破，大专在读比例达到在职人员的 25%；营养员、保育员接受不同等级职务培训人数占总数的 80%，有上岗培训，保育员初、中级培训，营养员初、中、高级培训。

3. 研究、指导、实施相结合

在课题由示范园向试点园、面上园推广，由教育内部向教育外部推广，由幼儿园向托儿所推广的同时，课题组进行了课题推广专题指导、现场操作指导。课题研究小组还定期召开专题研讨会，对推广实施的操作规范、评价体系等做不断修正与完善，并阶段性地进行全区范围的保育工作研究及推广情况的小结。

4. 考核、评估、奖励相结合

在推广过程中，区督导室对全区各级各类园所进行了专项督导，强化了各级园所的规范操作，同时各园所把对园长、教师、后勤"三大员"评估指标列入日常工作考核范围，及时分析情况，解决问题，调整措施，用于指导下阶段的成果推广，同时在推广过程中及时表彰、奖励先进，如乌南、宛南、兴国、龙山、东一、田四等幼儿园被评为"徐汇区保育工作先进单位"。长二幼儿园及艺术幼儿园的两名营养员被评为"上海市营养先进工作者"。

（六）推广的步骤

1. 以区托幼办发文的形式推广成果

以发文的形式推广成果，加强宣传力度。区托幼办以发文的形式对幼儿园保育工作研究课题的推广给予全方位支持。第一轮示范园实验成果总结后，区教育局幼教科以发文的形式要求全区各级各类幼儿园推广保育工作研究成果，如下发了"加强幼儿园保育工作管理，落实后勤'三大员'规范操作"的文件；为启动0～3岁幼儿的早期教育工程，使亲子学苑在本区得到普及，托幼办下发了"关于徐汇区托幼机构举办亲子学苑卫生保健管理工作的意见"的文件；为加强对全区膳费使用的管理，托幼办下发了"徐汇区幼儿园膳费管理暂行规定"；为加强传染病多发季节幼儿园卫生管理的要求，托幼办下发了"全区各级各类幼儿园加强疾病、传染病发病季节卫生保健管理的通知"等。

一系列文件的下达，从各个角度、各个方面完善了幼儿园的保育工作，为本课题的推广创造了良好的条件，营造了规范管理、规范操作、树立行业形象的氛围。各园所的领导在学习、传达文件的过程中，充分重视保育工作，对全区范围推广课题、提高保育质量形成了一个良好的开端。

2. 以展示活动的形式推广课题

以展示活动的形式推广课题，加强学习交流。我们在宛南、乌南两所示范幼儿园召开了全区性的"三大员"操作展示活动，让全区各幼儿园的园长、后勤人员观摩两所幼儿园的保健员、保育员、营养员一日活动操作程序。区级层面、学区层面组织教师日常保育工作案例辨析、讨论，如教师在各个活动环节中如何渗透保育意识，实施全面的保育对策，举办"三大员"规范操作成果展示，使全体教职工在观摩与研讨活动中，学有榜样，辨有方向，做有指导。

3. 以讲座的形式推广课题

以讲座的形式推广课题，加强培训指导。行政人员、科研人员、督导人员分别对全区园长开设专题讲座。例如：现代与传统保育观的区别；营养与卫生；如何落实"三大员"的操作；园长对保育工作的管理；等等。宣传现代保育思想，帮助园长树立现代保育观，在全区范围内，从园长管理到后勤工作人员的工作实践，要求以《规程》为依据，以操作细则为标准，以促进幼儿发展为目的，真正做到保教并重。

4. 以组织专项督导的形式推广课题

以组织专项督导的形式推广课题，加强考核评估。为确保课题推广落到实处，在课题推广过程中，实施了全区范围的专项督导评估。此举不仅对推广起到了正确的导向作用，而且强化了保教人员规范操作的行为。同时，区幼教科还把保育工作列入等级幼儿园的验收项目，作为幼儿园上等级的一项不可缺少的评估指标。每次等级园验收都有专人对保育工作进行评估，强化了操作行为，提高了保育质量。

三、推广工作的效果

经过三年的探索与实践，全区整个托幼系统形成了重视保育工作、力求提高保育工作质量的共识，保教人员队伍的观念、素质、能力得到了提高，保育工作质量产生了质的飞跃，取得了显著的成效。

（一）观念更新

通过课题的推广，改变了长期以来存在于托幼园所中的重教轻保的现象。保育工作的重要性和现代保育的观念被广大教职工所接受，保育工作获得了在幼儿园整体工作中应有的地位。具体体现在：

1. 保证了管理的制度化

园长在园务计划中，不仅有对教育的计划，还制定了落实保育工作管理的专门条款，使幼儿园保育工作做到了有计划、有措施、有资料积累。

2. 保证了学习研究的制度化

各园不仅有教学研究组，还相继成立了保育研究小组，确立了保育工作的专题科研项目，定期学习研讨。

3. 保证了培训的制度化

在对教师学历进修、职务培训的同时，畅通了后勤人员的培训渠道，对在岗人员和新上岗人员都制定了培训计划。

4. 保证了考核的制度化

各园都有对保育人员的考核评估指标、考核记录、奖惩措施。

保育与教育相结合，对共同促进幼儿的全面发展起到了同等重要的作用，教中有保，保中有教，相互渗透，相互促进，保教并重得到了真正的落实。

通过课题的推广，改变了对保育工作内涵的单一认识。以前一讲到保育，大家就认为是清洁打扫、卫生安全等后勤工作，保育员工作的全部内容就是负责幼儿的吃、喝、睡，谈不上对幼儿身体、心理、社会性发展等多方面的保健，缺乏科学与整体的保育观念。随着课题研究的深入与课题的推广，广大教职工对保育观念的内涵有了新的认识。教师在关心幼儿身体、教会幼儿知识的同时，学会了关心幼儿的心理健康，关注幼儿的情感需要，尊重幼儿的个性发展。例如：教师为幼儿记观察日记，关注幼儿每一天的进步；教师为生病的幼儿制作爱心慰问卡，让他感受到一份人与人之间的友情；在幼儿活动操作过程中，鼓励幼儿大胆尝试。教师对幼儿的理解与宽容，对幼儿创造性行为和独特个性的支持，使幼儿积累了良好的人际交往的经验，形成了良好的心理素质。教师在为幼儿创设良好物质环境的同时，更注重心理环境的创设。例如，以前的午餐地点不是安排在教室里就是安排在走廊上，幼儿面壁而坐，又暗又挤，如今许多幼儿园专门开设了明亮整洁的餐厅，午餐时教养员和保育员都穿上漂亮的工作服，并为幼儿播放午餐音乐，幼儿在舒适、富有情趣的餐厅，享受教养员和保育员亲切的服务以及色香味美的佳肴，一个简单的进餐活动，蕴涵了全新的保育理念；再如，以前照顾幼儿喝豆浆、吃点心，只是保育员的一项简单的工作内容，采用传统而习惯的做法，即以统一时间、统一供量、统一内容面对所有的幼儿。随着现代保育观念的确立，保育思想逐渐渗透到了幼儿园对幼儿保育和教育的各个环节。以吃点心为例，幼儿园为幼儿准备了小茶壶、小杯子、小盘子以及各种式样的小点心，幼儿可以选择不同的时间、不同的食品、不同的数量来满足自己的需要。一个小小的改变，使幼儿拥有了学习生活的空间、学会独立思考的空间、学会自理能力的空间、而这一切都得益于期望培养幼儿自主意识和自主能力的保育理念。

保育观念的更新使幼儿在宽松、和谐、愉快的幼儿园集体教育活动中，得到了全面而良好的发展。

（二）队伍优化

通过课题推广，幼儿园保育队伍的观念、素质、能力得到了很大的提高。园长高度重视保育工作，不仅在管理计划中体现了对保育工作全面的管理，而且熟悉保育工作业务；教师通过240学时的保育工作培训，在整体教学活动中，体现保育与教育的相互渗透，对幼儿实施多维度的保育。许多教师在个案分析及科研项目中都注意到了保育工作，形成了许多有价值的研究课题，如幼儿健康心理的培养、创设有利于幼儿发展的环境、家园合作对幼儿实施保育的研究等。与此同时，还对"三大员"队伍结构进行了调整，使其以中青年教师为主体，整体学历层次有所提高：保健员中有57％达到中专或高中学历，其中有25％的保健员在读大专，还有部分保健员将由具有大、中专学历的骨干教师来担任，调整后的保健员队伍既能承担起后勤保育工作管理的职能，又能体现保健员的专业技能；保育员中有95％达到初中及以上学历，其中有80％的保育员具有初、中级职称，已有53％的保育员参加了初、中级培训；营养员中有95％达到初中及以上学历，其中有65％的营养员参加了初、中、高级的培训。后勤"三大员"都能得到相应的学历培训与职后培训。对临时工队伍，我们同样加强培训、指导，要求其规范操作；对有技术等级的职工进行园所使用的合理配置，例如，为每所幼儿园的主勺烹调师都配备了中级营养师。在组合保育员队伍的过程中，引进了一批来自托儿所、既经过专业培训又有实践经验的保育员，使保育员队伍真正做到了在稳定中求提高，在改革中求发展。

现在的保育队伍，通过讲座、学习、研究，树立了较新的保育观；通过培训、进修，具备了相应的学历和职称；通过指导操作、督导评估、竞赛活动，提高了实际操作能力；通过引进优秀临时工队伍，形成了竞争意识。一支既有工作热情、肯吃苦耐劳，又有学历、能力的"三大员"队伍正在形成。

（三）操作规范

由于传统观念的存在，习惯性的操作方法已成自然，保育人员操作过程中操作行为家庭化、经验化、随意化与现代化、规范化、科学化的操作要求差距甚远，因此我们制定了一日操作的规范要求，规范了每个操作环节的做法。例如：制定了保健员三进营养室及每次进营养室的具体指导内容与要求，改变了保健员在时间掌握与对营养员指导安排上的随意性和盲目性；制定了营养员在烹饪过程中洗、切、烧的方法、步骤，要求他们掌握不让营养素流失的科学的操作方法；制定了生熟分开、保障卫生安全的具体要求，改变了以前随意摆放容器的操作行为，为此我们还专门配备了盛放熟食的餐车。以前我们规定厨房重地闲人莫入，但是因保育员没有固定的工作室，或是为了图方便，因此在营养室内走来走去，非常随意，物品摆放也是随心所欲；现在我们对厨房进行了合理的布局，为保育员安排了操作室，制作了固定摆放物品的物架，保育员在规定的时间内到厨房专用窗外领取食物，改变了工作过程中的不规范做法。经过推广实践，保育员的操作态度由被动转变为主动，由外在要求转变为内在动力，从而形成了自觉遵守规范的行为。

现在从幼儿园的管理到具体的操作环节都有了科学、规范的条例。例如，园长对保育工作的管理，有具体的内容、要求和相应的资料；教师一日工作中的保育要求的提示、每一个活动环节都有不同的保育要求可以遵循，有一整套教师日常保教活动实录案例辨析，可供大家学习、研讨；后勤"三大员"有一整套规范合理的操作流程可供大家参照与借鉴。全区托幼机构的教职工努力在实践工作中渗透保育观念，将理论转化为实践，他们的规范操作已成为托幼园所规范管理、优质办园、树立行业形象的一道风景线。

（四）质量提高

通过课题的推广，全区各级各类园所对保育工作的重视都有所改进与提高，使幼儿园办园的总体水平迈上了一个新的台阶。

在硬件建设上，我们配备了符合卫生标准的"三室"——保健室、观察室、隔离室；添置了厨房各种操作设备，如消毒柜、电饭煲、烘箱等；创设了良好的午餐、午睡环境，全区有98%的幼儿园为幼儿提供了小床。我们区所属幼儿园的小床种类很多，都是各幼儿园根据各自的实际情况因地制宜设计的，目的是寻求最佳的组合方案，为幼儿提供多功能的活动空间，从而做到既能开发利用现有资源，又能提高资源的利用率，使幼儿拥有良好的环境，身心得到和谐的发展。幼儿园的硬件建设为规范操作提供了外部条件。

在软件建设上，注重幼儿的心理保育。教师们在日常的保教工作中，注意加强对幼儿的观察，注重幼儿的心理保育，注意保护幼儿的自尊心，注意鼓励幼儿的创造性行为。如在晨间检查中为幼儿提供健康心理牌，幼儿可以根据自己的情绪好坏插"情绪牌"，教师则通过对"情绪牌"的鉴别来了解幼儿的心理，对幼儿给予关注，研究教育对策。

注重幼儿营养的保育，为幼儿提供丰富、合理、有营养的膳食已越来越受到托幼园所的重视。各营养基地不仅为幼儿提供在园（所）的膳食，还为家长提供一日膳食平衡的菜谱。区幼教科提出，必须让幼儿吃好，以保证他们的营养摄取，促进其健康成长。对膳费的使用经过两年多的现状调查、对策研究，制定了膳费使用比例，各园所在实践中，统一了认识，规范了管理，使幼儿得到了最大的实惠。我们要求在有限的膳费中，根据营养摄入量的要求，合理每天的经费使用。例如，按照菜金55％、粮食8％、水果点心20％、调味品7％、燃料10％的比例使用，每月公布膳费使用情况。

注重幼儿环境的保育，为幼儿创设良好的午餐和午睡环境。午餐和午睡是保育工作中的两大重要的环节，各幼儿园为幼儿提供宽敞舒适、温馨的就餐和就寝环境，因地制宜地设计各种小床，提供色彩丰富、能增进幼儿食欲的各种餐具，播放午餐和午睡音乐等等。

注重幼儿安全的保育，各园根据实际情况，铺设有安全保障的软场地，使幼儿在玩运动器械和进行体育活动时，有了安全的保障，同时规范操作也保证了幼儿饮食的安全和生活的安全。

（五）资料齐全

在研究与推广课题的过程中，逐步完善了资料的积累。

1. 有一份详实的保育情报综述；

2. 建立了一整套操作规范的要求和操作细则；

3. 制定了一整套的督导评估指标；

4. 编制了四部培训教材的录像；

5. 撰写了一本汇集各级各类幼儿园参与保育工作研究的经验集。

四、推广的几点体会

（一）要善于打破常规，要敢于改革创新

要改变长期以来人们所习惯的观念与做法是会遇到很大的阻碍的，但不破不立，任何先进的，具有前瞻性、挑战性的做法都需要付出加倍的努力与奉献，需要沟通，需要等待，需要坚持。实施规范操作之初，人们很难接受要去打破习惯的东西，认为习惯的做法也就是正确的做法，安于现状远比改革创新容易得多。通过观念的转变，课题研究的艰辛和共同付出的艰苦努力，使广大教职工认识到，他们的思想观念是符合时代发展需要的，他们的规范操作是树立行业形象和办园质量的根本保证，他们的工作态度也是自己立足于岗位工作的必要条件。由此可见，当人们进入到一个全新的境界，看到自己的规范行为所树立起的崭新的形象时，是会欢欣鼓舞的。这也是我们所期待和坚信的。

（二）要积极调动各方面的力量，形成合力

本课题推广辐射之广、范围之大、幼儿园保育工作质量提高之快，很值得总结的一点是：我们吸收了行政、科研、督导、学区、示范园等各方面的力量，达成了共识，形成了合力，推广工作实施的成功得益于我们拥有的全区幼教同仁的共同协作，勇于探索，积极进取的群体氛围，从而成为推广得以成功的有力保证。

（三）要善于反思，善于汲取与修正才能保证成果的丰富与完善

不断研究，不断汲取经验，听取意见，反复修正，这是一种求实工作、努力进取的科学态度。正是抱着这样的态度，才使我们能够经过几年的努力，呈现给大家一份尽可能丰富、完善的成果，这也是我们应尽的责任。

徐汇区幼儿园保育工作现状
及对策研究[*]

阎　岩

一、问题的提出

　　保育工作是幼儿教育重要的组成部分。《幼儿园工作规程》（以下简称《规程》）中明确指出，幼儿园是实施保育和教育的机构，要实施保育和教育相结合的原则。保育的目标是促进幼儿的身体发育，增进幼儿对环境的认识，培养自信等良好个性心理品质和行为习惯，这既反映了保育观念的发展变化，也体现出我国政府对幼儿保育工作的导向。

　　幼儿生理、心理的发展与保育工作的成功与否密切相关，对幼儿的健康成长乃至一生的发展都具有不可低估的作用。20 世纪80 年代以来，世界各国都很重视面向全体幼儿，发展幼儿的保育和教育。随着现代医学模式的演变以及教育观念的转变，保育观也在发生着积极的变化，逐步形成由随意化、经验化、家庭化、被动消极的保育向系统化、规范化、科学化、积极主动的保育方向变化发展，强调保育的科学性成为世界幼儿教育理论发展的重要趋势。

　　保育是成人为 0～6 岁幼儿提供生存与发展所必需的物质条

　　※　文中的统计是 1997 年数据。

件，并给予精心的照顾和培养，以帮助幼儿获得良好的发育，逐渐提高其独立生活的能力。在当今的幼儿教育研究领域中，对教育教学的研究颇为重视，而对保育工作的研究甚少，且大多停留在经验水平上，缺乏操作性，不利于保育管理，这与未来幼儿教育发展的需求是不相适应的。幼儿阶段是奠定身体健康基础的重要时期，实行必要的保育措施，提供有利于身心健康发展的保育环境，培养幼儿谋求保持和增进自身健康的能力，保证其健康成长是幼儿园保育的任务，实施良好的保育措施是必要的。

　　本研究通过情报研究、调查研究等方法，了解分析了我区保育工作的现状，提出规范、科学、具有操作性的保育对策，有利于加强幼儿园保育管理，使保教并重的《规程》精神真正落到实处，以完善幼儿教育理论，推动幼儿保育工作实践的开展。

二、研究方法与内容

　　幼儿园保育情报研究，通过编辑情报资料、撰写情报综述等，对幼儿园保育工作的概念、内容及评价等方面进行了全面了解并作出归纳。

　　通过分层随机取样，对我区幼儿园保育工作进行了情况调查，包括：1. 幼儿园保育工作现状调查，主要就保育队伍素质状况、保育的设施等方面开展调查；2. 幼儿园保育工作情况调查（家长卷），主要就家长对幼儿园保育工作的满意度等方面进行调查；3. 幼儿园保育工作情况调查（教师卷），主要就教师的保育意识、保育行为等方面开展调查。

　　依据现代幼儿教育理论和现代医学理论，汲取国内外的先进经验，在分析保育工作现状的基础上，进行幼儿园保育工作的对策研究，包括保健员、保育员、营养员、教养员、园长各个层面的规范操作和管理要求。

在规范操作与管理要求的同时，制定评估指标，进行评价研究，包括园长保育管理评估、教师保育工作评估、"三大员"保育工作评估，通过实践反复验证，确保了指标的有效性和可操作性。

对本区保育工作的经验进行总结，树立典型，进行推广。

三、研究成果

通过调查，我们对幼儿园保育工作的现状进行了分析。

近年来，幼儿教育发展迅速，尤其是随着城市建设的发展，人口布局有了新的调整，徐汇区成为人口导入区，新建幼儿园不断增多，各种规模、类型的幼儿园一应俱全，要提高幼儿园的办园水平，关键是提高质量。从目前的现状来看，我区保育工作既有优势，又存在许多不足，主要体现在以下几方面：

（一）家长对幼儿园营养保健的满意度较高

调查结果表明，家长对幼儿园的饮食相当关心，占被调查人数的 64.5%，而不关心幼儿饮食的仅占 3.7%。从家长的满意度看，对幼儿园伙食表示满意的占 68.6%，基本满意的占 31.2%，不满意的仅占 0.2%。由于我区近几年来重视幼儿的营养保健工作，幼儿园能从科学的角度，为幼儿制定合理、营养、平衡的膳食，保证了幼儿的身体健康，赢得了广大家长的信任，他们寄希望于通过幼儿园的科学保育，来弥补家庭育儿中的不足。

（二）保育队伍建设滞后，与幼儿教育发展不相适应

幼儿园的保育队伍主要是指保健员、保育员、营养员（简称"三大员"）。幼儿园的保育工作主要由他们承担，保育工作质量的好坏与他们的工作密切相关，而这支队伍的整体素质、能力水平是质量保证的关键，调查结果表明：

1. "三大员"的整体学历层次偏低

保健员中，初中及以下学历人数占被调查人数的 50%，中专

学历人数占 50%；保育员与营养员中还有一定比例的小学学历。

2．"三大员"的技术等级偏低

调查显示：营养员中具有初级技术等级的占 51.4%；保健员中具有初级技术等级的占 87%；保育员中初级保育员居多，其中一级保育员占 21.4%，二级保育员占 53.3%。

3．"三大员"的现岗年龄偏大，年龄结构不合理

调查显示，大多数的保健员、保育员、营养员的年龄在 40 岁以上。保育员年龄在 30～39 岁之间的占 31.9%，40～49 岁之间的占 63.4%，50 岁以上的占 8.9%。这一年龄结构与年轻的教师队伍相比，对缺乏保育经验的教师来说弥补了其不足，但存在年龄老化、急需培养后备力量的问题。

4．"三大员"的非正式编制占有较大比例

这就给工作带来了不稳定因素，使工作质量难以得到保证,因此需要建立正规的管理系统，对其进行有效管理。

5．"三大员"的再进修机会很少，业务能力难以再提高

由以上调查结果可以看出，保育队伍的素质与未来幼儿教育的发展趋势已不相适应，文化层次的偏低，没有合理的梯队，没有有效的管理系统对高速度、高标准、高层次的现代幼儿教育发展会带来消极影响。

（三）幼儿在园的生活环境虽有所改善，但仍存在拥挤现象

幼儿生活环境主要从幼儿的午餐及午睡两方面考虑。幼儿午餐环境主要看午餐地点、每桌用餐人数、用餐光线的情况。我区是人口导入区，幼儿在园人数较多，生活环境较为拥挤。调查结果显示，多数幼儿园无固定的餐室，午餐地点大多在走廊或教室，每桌用餐人数为 5～6 名幼儿，人均面积只有 0.13 平方米，这对生活能力弱、动作发展还不够协调的幼儿来说是很不合理的。此外，幼儿午睡的条件也普遍不理想，午睡拥有小床的仅占被调查

人数的 5%，95%的幼儿睡地铺，每条垫被睡 5～6 名幼儿，人均面积只有 0.66 平方米。许多家长在建议中都提出应改善午睡条件。拥挤的空间不利于幼儿的生长发育。

（四）幼儿园保育工作到位率不高，保育工作尚停留在初级水平

幼儿园是集体教养机构，保育工作的成效应指向全体幼儿在园一日生活中的每个环节，这可以反映出幼儿园保育工作的落实程度，反映出保育工作的到位率。在当前市场经济的形势下，服务质量是制胜的有效机制。从对家长的调查结果显示，幼儿园的保育工作虽有提高但仍属于初级水平，还停留在表面层次，不够深入，主要反映在以下几方面：

1. 回家时仍有饥饿感现象的幼儿，占被调查人数的 50.5%，现象明显的占 6.7%。

2. 回家时是否衣冠整齐一项，65%的家长认为做得较好，而有 33.5%的家长认为只是基本能做到，有 1.5%的家长认为不能做到。

3. 回家时应带物品有遗忘现象的占 35.3%。

4. 幼儿在园仍存在紧张与不适应现象，表现为在园大便时会感到害怕，产生害怕的原因主要有以下几点：蹲着上厕所感到吃力；不会蹲，不会擦屁股；怕老师说。

（五）保教并重的《规程》精神未真正落实到实处

1. 幼儿园的工作重心仍以教学为主，很少开展保育研究工作。

2. 教师虽有一定的保育知识，但没有将其转变为教育行为并付诸实践。

3. 保育工作无特色、无针对性，保育工作中有大而空的现象。教师在保育工作中只是提要求，缺少对幼儿进行必要的教育。因此，教师的要求不能转化为幼儿的行为，使幼儿缺少自我保护意识。

四、对策

（一）教育内部与外部要加强对保育工作的认识，加大对保育工作的宣传力度，真正将保育工作放到应有的地位

以上种种现象产生的原因与保育观念淡薄有关，重教轻保的观念不仅反映在教学中，同样也反映在队伍建设中，反映在日常工作中。重视师资队伍建设、轻视保育队伍建设，重视教学工作研究、轻视保育工作研究的状况要想尽快改变，首先要重新认识幼儿园保育工作。

联合国世界卫生组织指出，健康是身体、心理和社会适应的健全状态，而不只是没有疾病或虚弱现象。1978年国际初级卫生保健大会上发表的《阿拉木图宣言》中就指出："健康是基本人权，达到尽可能健康水平是世界范围内的一项重要的社会性目标。"现在的幼儿是21世纪的栋梁，现在的幼儿教育就应适应21世纪的人才需要。健康是人的根本，幼儿阶段是所有一切的开始，保育质量直接影响幼儿的身心发展，通过科学的保育，为幼儿提供健康成长的环境和条件，是我们的目标。无论是教育工作者还是社会、家庭都应从现代健康观出发，以正确的保育观来呵护幼儿，改变重教轻保、重卫生保健轻心理保健的片面认识，强化保育对人成长发展重要性的认识。现代幼儿保育要体现全面发展的教育观，要体现社会与人发展的需要，要使保教真正有机结合渗透，以积极主动的保育为幼儿提供良好的生长环境。

（二）加大投入力度，加快保育队伍建设

幼儿园保育质量的提高，与队伍的整体素质密切相关。从目前的状况看，与师资队伍相比，保育队伍无论是学历层次、技术

等级、物质待遇都偏低，上级行政及业务部门对这支队伍缺少系统的培养计划，造成了目前人员不稳定、业务能力不强、培训渠道不畅、物质投入甚少的局面。

未来幼儿教育的发展，使得保育工作的科学化、规范化、系统化的含量不断增加。懂科学、懂教育、高水准的保育队伍是实现这一目标的保证。幼儿教育涉及教育、心理、卫生、社会等多个领域，加上独生子女这一特定的社会群体，使得保育的难度增加、要求提高，因此应开辟培训途径，设立专业培训中心，形成系统而完整的培训网络和教学体系，使受训人员能全面科学地掌握系统的理论知识和技能，以适应现代幼儿教育之需。各级政府部门要为"三大员"的进修培训开辟渠道，使他们的业务能力不断得到提高。

同时，通过增加经费投入、引进竞争机制、采取优胜劣汰、协调互补等手段，优化保育队伍，使之年轻化、知识化、专业化，从根本上提高保育工作的质量。

（三）规范保育措施，规范保育行为

保育工作到位率不高、不深入是不能让家长感到完全放心、满意的原因之一。这除了与对保育工作认识不足，还与管理不规范有关。管理者凭自己的主观感觉、经验进行管理，没有具体的要求与标准，操作者也将其视为家务劳作，凭经验行事，造成了保育工作随意性大，影响了保育的质量。优化保育管理是提高保育质量的有效手段，具体措施包括：

1. 制定"三大员"保育工作要求及具体操作细则，使之形成规范、科学、有序的操作体系；

2. 制定教师保育工作的具体要求，以面向全体幼儿、突出幼儿发展为重心，突出心理保育，突出一日生活各环节的保育中心，并施予保育对策，使保教互相渗透，使保教相结合的原则得以真

正实现；

3. 制定园长保育工作的管理职责与要求。

（四）开展对保育工作的专项评估，优化保育管理

保育要求是否达到，保育管理成效如何，保育工作管理水平如何，需要通过评估对其进行判断，以便为日后工作提供反馈信息，进行合理调控。调查中出现的保育工作到位率不高、幼儿生活空间拥挤、保育工作无计划性等问题，其实质就是缺乏对保育工作的有效管理，缺乏对保育工作的价值肯定。为幼儿创设良好的生活环境，提供必需的设施设备是幼儿园保育成效的部分体现。另外，还要在制定一系列规范化操作要求的同时，制定园长管理、教师及"三大员"的保育工作评估指标，形成一整套的评估体系。通过观察、检查、谈话等多种手段获得反馈信息，以便及时调整保育目标和改善保育行为，对保育工作的质量、水平有正确的把握，以完善幼儿园管理，使保、教质量真正得以提高，使全面发展的培养目标真正得以实现。

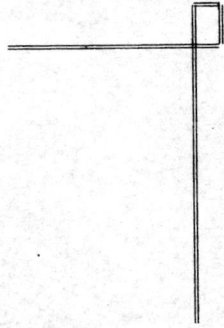

经 验 总 结

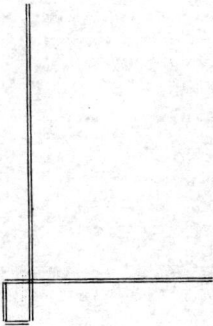

优化幼儿园保育环境

王　健

幼儿园环境是指幼儿园内部能够满足幼儿身心发展所必须具备的一切物质条件和精神条件的总和，而幼儿身心发展的环境又包含有保育性质和教育性质，因此，就教育功能而言，幼儿园的环境具有教育和保育两大功能。随着学习《幼儿园工作规程》的不断深化，创设与幼儿需要和发展相适应的环境已被人们充分认识和重视，但由于长期以来的重教轻保，加之有限的物质条件和教育观念的滞后，在创设环境时也总是先教育后保育，表现为：对保育环境的经费投入少，应有的保育设备添置和保育环境改善得不到保证；保育所需的空间、时间也常常被压缩，保育工作难以到位。如此种种现象显然与保教结合原则和现代教育对保育的要求是不相符合的。

近两年，我园借鉴办园规模的扩大和园舍布局的调整，把创设良好的保育环境作为提高保育质量的重要工作来抓，并被列为保教管理的一项基本内容。我们依据保教结合的原则，学习现代保育观念，理解保育环境的概念和内涵，并根据目标和实际条件进行规划，在整体布局上为保育环境的改善留有足够的空间、时间和必要的物质条件，以满足幼儿发展的需要。

一、以现代保育意识创设保育环境

（一）发展意识

发展意识是以现代的儿童观和教育观为出发点的。幼儿正处在发展之中，是一个正在发展的人。所以，教育既要适应未来社会持续发展的需要，更要符合人的发展规律。由于幼儿各年龄层次的发展目标与内容各有侧重，我们根据当前的教育任务，设置、创设、利用必要的环境，让幼儿主动地与人、事、物交互作用，在此过程中不断增强幼儿的本体意识，把幼儿发展需要放在首位。

（二）整体意识

从现代幼儿保育的理论框架来看，保育包括了身体、心理和社会三个维度。因此保育环境的创设也应从幼儿身心发展的整体要求出发，使幼儿获得良好的整体发展环境。以进餐环境为例，教室布置、餐具等是幼儿进餐的物质环境，教师的态度便构成幼儿进餐的心理环境；而通过让幼儿参与分发、整理餐具或为同伴服务，则可以帮助幼儿克服独生子女的依赖性，又具有一定的社会作用。与此同时，要注重保育环境和教育环境的统一和渗透。保育环境和教育环境在功能上各有侧重，保育环境的创设主要是为了满足幼儿身体的养护和生活方面的需要，教育环境的创设是为了满足幼儿在教育方面的需要，但这两种环境对幼儿的影响不是孤立存在的。所以在创设和利用过程中既要统一于整体目标，也要考虑到相互渗透，以构成教育性的保育环境，充分利用环境要素进行保育活动。

（三）服务意识

服务意识有两层含义：服务于幼儿的生活需要和服务于保育工作需要。其一，保育环境要服务于幼儿的生活需要。幼儿需要保护，在幼儿园一日活动中，生活活动的时间占幼儿在园时间的

50％以上，因此创设一个温馨的、宽敞的、舒适的生活环境是至关重要的，它直接关系到幼儿的生活质量。我们认为，幼儿生活所需要的内容包括幼儿生活的用具、玩具、空间、时间等诸多方面。为此我们不仅让每个幼儿都睡上了舒适的小床，而且为了使幼儿能在宽敞、明亮的环境里开展生活活动，我们还开辟了饮水区、更衣区、小餐厅等各种生活区域，使幼儿的生活环境得到了很大的改善。其二，保育环境要服务于保育工作的需要。随着现代保育观念的不断更新，保育的内涵也随之扩大，这些都对幼儿园的保育工作提出了更高的要求。因此，必须为后勤人员提供规范、有序操作所必备的物质条件和操作环境。为做到盛器不着地安放，我们不仅在每个餐厅配备了餐车，还在为保育员专设的操作室内定制了物品架，专门摆放未清洗和未消毒的器皿，尽量控制污染源。因此从以上两点看，保育环境是落实保育要求的基本保证。

（四）效益意识

现代社会十分讲究效益管理，凡事都讲求节奏和密度。优化保育环境主要是指要充分利用现有的人力、物力、财力资源，最大限度地发挥其效益。我们的教育经费虽不富裕，但我们非常注重把有限的教育资源通过合理安排得到高效使用。例如，我园在安排专用活动室时，既想扩大活动空间，又想改善生活设施，而仅有的几间房屋怎么安排也不够用，于是我们就从使用效率着手，产生了一室多用的想法：利用教育活动和生活活动的时间交叉，把餐厅和操作室合二为一，把卧室、舞蹈房、体能活动室合并兼用。设备设施的有效组合，使专用室体现出多功能性，使用效率成倍提高。由此可见，效益意识是保育环境创设和管理成功与否的关键。

二、创设保育环境要遵循保育原则

优化保育环境本身不是目的，其目的在于提高保育质量，促进幼儿身心的健康发展。因此优化保育环境时必须遵循保育原则，使之成为保育和教育的有效环境。

（一）安全卫生原则

这是保育环境创设中最基本的原则。由于幼儿年龄小，生活自理能力差，缺乏自我保护意识，故其身心发展对安全和卫生有着特殊的要求。在创设保育环境时，我们便把安全和卫生放在首位。例如：在改建园舍设施时，为了避免各种不安全因素，我们要求在幼儿活动的环境中没有尖角利边，以排除幼儿活动过程中的各种隐患；为了减少不卫生因素，为幼儿定制了开架式被柜，每人一格，定位放置幼儿的被子，彻底解决了不透气、易交叉感染等问题；为了避免二次污染，并保证幼儿在冬天能吃上热饭热菜，每班添置了一只电饭煲；为了减少流通领域内的各种污染，我们制定了严格的操作规范，起到了良好的制约和导向作用。

（二）教育性原则

保育环境要体现教育性，这是由保教结合原则引申而来的。由此在保育环境创设时必须重视其中的教育因素，包括知识的获得、习惯的养成和能力的培养。首先，作为保育工作的每项内容都有其丰富的保育内涵，如生活知识、卫生知识、安全知识以及行为习惯和能力等方面的培养，只有充分利用保育方面的知识要素，才能保证幼儿在保育活动中获得必要的知识要求。其次，幼儿习惯的养成和能力的培养都依赖于他们与环境之间的交互作用，因此我们就通过环境创设来设置教育因素。例如，我们在部分卧室内设计了双人小床，原本的意图是缩小床的占地面积，扩大实际使用面积。但当我们依据教育性原则予以思考时，思路打开了许多：

让大班幼儿观察、比较双人床的特殊之处；安排大班、小班幼儿同睡一张床，使大班幼儿在照顾弟弟妹妹的同时多了一份责任心和荣誉感，而小班幼儿有了哥哥姐姐的陪伴获得了安全感，也感受到了他人的关心。又如，我们在幼儿洗手槽上安装了一个个独立的水龙头，目的有两个：一是养成幼儿随手关水的良好生活习惯；二是通过反复拧开关这一动作，使幼儿的小肌肉和手腕得到充分的活动和锻炼。可见，保育环境中有许多具有特殊意义的教育因素有待我们去挖掘。

（三）主体性原则

为了适应现代保育的需要，避免曾一度出现的"替代式"保育，在保育环境创设中也必须以幼儿为主体。要从幼儿的兴趣和需要出发，促使幼儿主动与环境产生互动，在操作、摆弄中获得丰富的体验，积累各种经验，发挥潜在的能力。因此，创设让幼儿主动投入的环境，提供多种参与环境的机会是十分重要的。例如，我们充分利用走廊这一空间，在护墙板上做了一系列可供幼儿进行操作活动的底板，有玻璃的、有软木的、有黑板的、有磁性板的等等，各种材料有硬有软，有光滑有毛糙，幼儿运用自己的感官去感知，去发现，去想像，去创造。幼儿可以在集体活动以外的任何时间通过自身的参与和活动而获得成功和发展。

（四）差异性原则

由于幼儿能力和个性的表现与发展各不相同，所以在创设保育环境时既要考虑全班幼儿的特点，也要顾及个别幼儿的特点，既要满足幼儿的生活需要，又要兼顾幼儿的心理需要。要从每个幼儿的角度考虑他们的特殊要求，有的放矢地进行安排。我园在改造厕所时，从卫生角度考虑，准备把原来的坐厕改为蹲厕，但同时我们也考虑到幼儿的个体之间存在的差异以及身心发展的特点，如小班幼儿或者体弱、胆小幼儿的不适应，他们都需要用坐厕，于是我们就在每间厕所里保留了一个坐厕，以满足不同发展水平、不同健康状况幼儿的身体、心理发展的需要。另外，在幼儿桌椅的配置上我们也运用了这一原则。一般来说，每个班级的桌椅都是一样的高度，但相同班级幼儿之间的身高存在着一定的差异，因此我们教室的桌子和餐厅的桌子的高度都不是同一尺寸的，以适应不同坐高幼儿的需要。

综上所述，幼儿园的保育只有和保育环境创设有机地结合起来，才能使幼儿保育获得全新的含义，幼儿才能获得适时的、适度的积极保育。

加强保育队伍建设 提高保育工作质量

上海市音乐幼儿园

加强保育员队伍建设是认真贯彻《幼儿园工作规程》(以下简称《规程》),深化教育改革,提高保教质量的需要。近年来,我们紧紧围绕保育工作目标,从我园保育员队伍的实际出发,制定了保育员培养目标,并开展了一系列工作,保证目标实施,使我园保育工作质量相应得到提高。我们的主要做法是:提高认识,确定地位,努力挖掘保育员潜在的工作积极性。

有人认为,保育员工作不过是打扫卫生,和抹布、扫帚打交道,整天照顾幼儿的吃、喝、拉、撒、睡,全面培养幼儿是教养员的职责,和保育员工作关系不大。那么保育员工作意义究竟何在呢?为了帮助保育员解决这个问题,首先要帮助他们提高对自己工作的认识。我们组织他们学习《规程》,明确幼儿园的任务和要求;学习"六一"幼儿园优秀保育员悉心培育幼儿的感人事迹,提高责任感;了解幼儿生理和心理特点,使他们认识到,他们面对的是3~6岁的幼儿,此年龄阶段是幼儿一生中身体各部分发育的重要时期,也是个性发展的重要时期,更是智力发展的关键期,他们需要我们全身心的爱护和照顾。保育员和教养员一样,他们的一举一动、一言一行将影响幼儿的一生。保育员工作决不是一般意义上的打扫,它不仅包括对幼儿身体各方面的保健工作,而且也包括对幼儿心理等方面的保护;它不仅需要保育员满腔热情的工作态度,更需要掌握一定的知识。通过一系列学习,使保育员看到并体会到自己的工作在整个幼儿园教育工作中的地位，提高了工作的积极性。为了更好地发挥保育员潜在的工作积极性、主动性，帮助他们确立工作地位，使他们的工作真正得到教养员和班级家长的尊重、理解和支持，帮助他们确立在幼儿园工作中的地位。我们主要是通过一改、二参与、三结合来进行的。

一改：我们一改过去"保育员"为"阿姨"的称呼，要求教养员和小朋友称保育员为"老师"。我们还在每学期开学典礼上，让保育员和教养员同坐在台前，以教师的身份向小朋友介绍自己的姓名、工作，提高他们对工作的责任感和自信心。

二参与：幼儿园工作必须贯彻保教结合的原则，这充分反映了教养员和保育员工作间的密切性。为了加强教养员和保育员之间的相互沟通，相互配合，真正达到共同完成保育和教育的目标和目的，我们尝试改变了原来的组织结构（现在每班配备两位教养员和一位保育员），班级的保教任务由双方共同完成，提出了保育员必须对班级保教工作全面参与的要求，要求他们参与上阶段的班级情况分析和下阶段的保教目标制定，明确双方的保教任务，参与班级活动、体育活动、游戏活动以及家长工作等。

三结合：在园内各项评比活动中，我们注意把教养员和保育员工作结合在一起进行，如学期初和期中的班级评比、班级幼儿生活习惯评比、期末的三位一体配合质量评比等等。每项内容的评比都是教养员、保育员共同参加，共同获奖。例如，历年的青年教师教学技能竞赛，虽然奖是教养员直接获得的，但幼儿园不忘记给保育员记上一功。因为我们的教养员都十分清楚，在教育教学上我们取得的每一项成绩，都离不开保育员的配合和支持。

通过一改、二参与、三结合的方法，不仅反映了保育员职责范围的扩大，体现了保育工作是幼儿园工作不可缺少的一部分，从而也提高了保育员工作的自信心和责任感。正如我们的一位家长所说的："音乐幼儿园的保育老师像妈妈，更胜似妈妈。"

一、有计划地抓好保育员的业务学习，提高业务水平

保育员要想做好保育工作，仅仅具有爱心、细心、热心还远远不够，还需要有一定的业务水平。为了更快地提高他们的文化和专业水平，我们一方面为保育员创设了良好的学习环境，通过开展读书活动，为他们每人购买《保育手册》、《父母必读》等有关书籍、杂志，要求他们日常自学；另一方面请来了儿童保健所的专家，为他们进行保健知识讲座，由园长及保健员有计划地为他们做幼儿生理特点等内容的辅导报告，让他们了解幼儿的生理、心理特点，了解幼儿教育的规律，掌握一些卫生保健知识。同时结合日常操作，经常进行示范、观摩、评比活动，使保育员的业务水平有了明显的提高。

二、建立一系列制度

（一）三位一体制度（两名教养员、一名保育员）

为了保证计划的实施，安排每班一名保育员。他们除了日常的包干范围（一个大教室、一块户外场地、一个厕所）的清洁、消毒、生活护理外，为了保证教养员器乐辅导的正常进行，他们还要进班；为了保证教养员进行教研活动，他们也要进班；幼儿经常有外出演出活动，他们还要配班。除此之外，每日活动的各个环节保育员也必须及时配班，带体育锻炼，带游戏，为教养员的教学活动提供器械和教学准备等等；对体弱幼儿每日观察，为日常矫治工作做记录。他们工作的特点是节奏快，工作量大，但他们从无怨言，乐在其中。

（二）完善岗位责任制

我们根据《规程》的精神，在保育工作总目标的指导下，从

环境卫生、消毒工作、生活护理、教育配合四个方面，制定了17条保育工作细则。它的实施是提高保育质量的保证，也是园长抓计划落实的依据。它贯穿了为幼儿服务、为教育服务、为家长服务的指导思想。它要求保育员不仅要有较强的工作责任心，而且在质量上也要力争到位，真正做到"一切为了孩子，为了孩子的一切，为了一切孩子"。例如，为了做到悉心养育幼儿，保育员在冬天必须对每天因练琴晚而影响午餐的幼儿做到心中有数，把这些幼儿的饭菜焐好，保证每一个幼儿都能吃到热饭、热菜、热汤。又如，为了和教养员共同落实保教目标，必须对一周的教育要求、生活要求以及智力能力等要求做到心中有数。一些个别幼儿的工作，也要和教养员一样，做到每阶段要求心中有数，做到配合及时，恰到好处。特别是对特殊家庭的幼儿，在生活上、学习上更要无微不至的帮助。我们要求每班排列名单，进行重点服务。例如，上学期大班的一位幼儿由于父母离异，父亲又不会照顾孩子，保育员沈彩云老师了解到情况后，主动承担了每星期为孩子洗澡、理发、洗衣、换衣、拆洗小被子等义务。

（三）完善考核制度

保育员考核与教养员一样，从考核人员、考核方法到考核内容都有一定的层次。因此要将日常和重点考核相结合，月与学期三位一体考核相结合，园长抽查保健员、保育组长日常考核与保育员自我检查相结合，每月将考核情况公布于众，并和课时工资相结合。通过检查考核，既表扬了先进，又发现了存在的问题，同时也激发了保育员向更高层次努力的信心。对于考核中发现的问题，我们及时加以调控，及时开展工作，提高了工作效率。由于我们重视保育员素质的提高，强调日常工作规范，保育工作取得了可喜的成绩。

附：保育员工作目标

贯彻《规程》精神，实行保育与教育相结合的原则，创设安全、清洁、和谐的教育环境，使幼儿身体正常发育和机能协调发展，增强体质，培养幼儿良好的生活习惯、卫生习惯、文明礼貌习惯及参加体育娱乐活动的兴趣。

一、保育员培养目标

1. 热爱本职工作，热爱幼儿，具有良好的职业道德，主动为家长、为幼儿、为教育教学服务。

2. 熟悉幼儿生理和心理特点，了解、掌握班级体弱幼儿的情况，并采取措施，进行护理和矫治。

3. 掌握一些基本的卫生保健知识，并具有对常见传染病进行预防和护理的能力。

4. 了解幼儿教育的基本规律，能配合教养员进行一日活动的开展和向家长宣传科学育儿的知识等。

二、管理方式

（一）自培

园领导有计划地对保育员进行知识讲座，并进行考核。

（二）协调

1. 建立由两位教养员和一位保育员组成的三位一体的班级工作制度；

2. 建立每两周一次的组长业务会议信息反馈制度。

（三）**考核**

三级考核：园长—园长助理—后勤组长—保育员。

1. 自我评定与领导审核；

2. 一月一次的考核与期末总评；

3. 平时抽查与突击检查；

4. 保育员除参与岗位质量考核，还参与班级工作评比考核。

（四）**反馈途径**

公布月考核评定结果；每学期开展一次家长评议活动；配合教养员对保育员评价；年终评比先进并予以奖励；业务学习会上进行交流。

三、保育员工作细则

（一）**清洁卫生**

1. 每天湿性打扫教室，室内清洁，桌椅摆放整齐，玻璃窗保持明亮、整洁，无死角。

2. 包干地区保持无积灰、干燥、无废物。

3. 盥洗室四周无积灰，水池洁白、无污垢，便所无臭味。

4. 活动室玩具橱内整洁，被橱内摆放规范、无积灰。

（二）**消毒工作**

1. 午餐、点心前 20～30 分钟用湿性药消毒桌面（使用桌布，用餐完毕后洗净、晾干以备再用）。

2. 餐用毛巾严格做到使用一次消毒一次，擦手毛巾每周换洗两次，小被、垫被每月更换、洗晒一次。

3. 每月消毒玩具一次,包括室外的体育玩具(部分用消毒水浸泡，部分用紫外线消毒)。

4. 每天开窗通风,保持空气新鲜,隔天喷洒消毒水一次，流感期间加强醋熏。

5. 传染病发生时，要严格进行隔离消毒制度。

（三）生活护理

1. 根据不同季节提供适温的饭菜，帮助教养员指导幼儿学会正确的进餐方法，对个别速度慢的幼儿加强督促、帮助，为病儿联系病号饭菜。

2. 盥洗时准备充足的肥皂以及毛巾,提醒、督促、指导幼儿学会正确的洗手、洗脸的方法。

3. 午睡时协助教养员照顾好幼儿,仔细观察,纠正不正确的睡姿,发现异常情况及时处理、汇报。保持室内空气流通,冬季做好"二开二关"工作。为患病服药幼儿另置睡铺。

4. 根据不同季节和气温,提醒、帮助幼儿及时增减衣服，提高幼儿自我服务能力。

5. 对一些弱小的幼儿帮助他们拎琴包、拿乐器,乃至送到琴房。

（四）教学配合

1. 一日活动中对幼儿耐心、亲切、和蔼,创设平等、安全的心理环境。

2. 保证场地、体育用具、玩教具的安全使用，按照教学计划准备好必需的、充足的教学活动器具。

3. 参与幼儿体育等游戏活动,提醒、督促幼儿养成良好的生活、学习习惯,防止不安全事故的发生。

4. 协助教养员做好教学的准备和结束工作,以及玩教具的制作。

幼儿营养保健实验园研究工作总结

张 维

本课题组受上海市教育科学研究所的委托，于1991年3月开始筹建"上海市幼儿营养保健基地"。经过两年多的实践，研究基地实验园工作取得了初步的成果。实验之初，我们采用分层整群取样的方法，在徐汇区所属的幼儿园中抽取了三个层次的六所幼儿园作为幼儿营养保健的实验点并建立园间网络体系，它们分别是宛南幼儿园、五原幼儿园、淮西幼儿园、太原幼儿园、长桥幼儿园和田三幼儿园。这六所幼儿园分布于不同的学区，其中宛南幼儿园是重点园，五原幼儿园是中心园，淮西幼儿园和田三幼儿园是普通园，太原幼儿园是寄宿制园，长桥幼儿园是城乡结合部园。

实验之初，针对当前幼儿营养保健工作存在的问题，组织实验园教师学习了幼儿营养保健的有关理论和文件，明确了工作的目标和任务，邀请有关专家剖析了当前幼儿营养的发展趋势，着重领会《幼儿园工作规程》对营养保健的要求，收集了国内外关于幼儿营养保健方面的资料，还请区教育学院生物组的教师就如何分析幼儿食谱等，对保健员进行了专门的辅导。

在理论学习的同时，我们广泛总结了区内幼儿园营养保健工作的特色经验，如优化食谱编制、建立有关营养保健的规章制度、实施家园配合方法等，并吸取了外区近30所幼儿园在食谱编制和科学膳食管理方面的好经验，并走访了市区儿保所、儿科医院及儿科专家刘湘云、姚念玖等，从而总结筛选出一系列优化幼儿营养保健的经验。

实验组在实施的过程中，还不断地把研究成果推广到基层中去。1993年1月9日，区教育局召开了徐汇区幼儿营养保健工作经验交流会，向全区幼儿园园长通报了课题组开展幼儿营养保健研究的情况，各研究基地实验幼儿园具体地介绍了特色经验。为了提高厨房工作人员的工作质量，更好地丰富幼儿点心品种和提倡价廉物美的自制点心，1992年5月，我们在永新学区举办了自制点心的交流会，基地实验园在展示自己制作的特色点心的同时，又从点心操作、配方等方面传授了经验，使他们在掌握基本制作方法的基础上能举一反三，从而丰富了点心的花色品种。我们曾多次向全区园长、保健员、教师现场演示召开营养保健家长会的几种有效的方法，使他们从中学到了不少好的经验。1993年10月，长桥幼儿园园长专门向本学区保健员做了如何抓好幼儿膳食管理、创设幼儿午餐环境的讲座，受到其他幼儿园领导和教师的好评。为了推广科研成果，我们组织部分园扩大实验研究，目前除建国西路第二幼儿园正式参加了这一课题外，还有不少幼儿园表示了参与的意向。

实验基地在实验膳食管理的同时，各园又建立了实验班并确立了各自的研究课题。例如：太原幼儿园、田三幼儿园的"科学合理安排幼儿膳食，促进幼儿健康"的研究；长桥幼儿园的"重视幼儿进餐环境管理"的研究；宛南幼儿园和淮西幼儿园的"家园配合，优化幼儿营养保健"的研究。由于这些课题的确立，使我们的研究更具有科学性和可操作性。

通过对经验的反复筛选，我们重点开展了以下四个方面的工作：

一、优化幼儿园膳食管理，实现"五化"

"五化"是指编制食谱科学化、营养保健个案化、规章制度系列化、厨房操作程序化、就餐环境最优化。具体内容是：

（一）编制食谱科学化

编制食谱是平衡膳食，保证幼儿每日摄入必需营养素的具体措施，因此必须根据食物平衡原则，做到米面搭配、荤素搭配、干稀搭配、绿叶素与黄叶素搭配、甜咸搭配等，并提倡两荤一素的搭配方法，增强幼儿的食欲，以保证幼儿获得全面的营养素。此外，我们还引入了计算机辅助营养分析，不仅为食谱编制提供了现代化的科学手段，同时还提高了保健员的工作效率。

（二）营养保健个案化

个案化就是对幼儿营养状况设立一人一卡，根据幼儿营养保健卡上记载的身高、休重、患病情况、禁忌症、P 值，以及晨检、进餐、访视中的状况，使保教人员能随时了解幼儿的健康状况，并及时找到原因，采取措施，从而实现保育个案化。

（三）规章制度系列化

严格的规章制度是实行科学管理的切实保证，全园教职工要做到岗位职责明确，有章可循，增强幼儿营养保健工作的整体意识及责任心，以使幼儿获得合理全面的营养保健。它主要包括：《幼儿园膳食管理制度》、《卫生保健制度》、《保健员、炊事员的岗位职责》、《小、中、大班保育员和教养员的操作规范》等。

（四）厨房操作程序化

所谓程序化就是厨房流水操作的每道程序必须符合卫生标准，尤其要严格执行卫生部门规定的厨房六项卫生要求。

（五）就餐环境最优化

要求结合本园的实际情况，有目的地改善幼儿的进餐环境，尽可能地开辟专门的餐室或进餐角，保持进餐环境的整洁，照明、通风、桌椅的安排要合理，并积极地创设和谐的进餐气氛。

二、家园配合，优化幼儿营养保健工作

实验组针对家长营养保健意识不强，知识贫乏和幼儿园辅导家庭营养工作缺乏针对性、有效性的状况，我们着重从以下三个方面入手开展工作：

（一）强化家长对幼儿的营养保健意识

1. 通过宣传栏，向家长宣传幼儿期营养保健的重要性及有关知识。例如，为何早餐不宜空腹喝牛奶、怎样纠正幼儿偏食等，帮助家长解除营养保健教育中的疑难问题。

2. 定期为家长举办营养保健知识讲座或座谈会，邀请儿科专家、营养研究的权威人士为家长做专题讲座，帮助家长了解和掌握营养保健的基础知识。讲座力争做到理论与实践相结合，有虚有实，就事论理，并尽可能地考虑要具有操作性。

3. 定期请儿科医生来园开展面向家长的咨询活动，解答家长遇到的有关幼儿营养方面的问题，并对幼儿进行诊治。

通过这些活动，使家长由原来对营养保健的不重视、不关心，转为积极主动地配合幼儿园的工作。

（二）开拓家园配合的渠道

1. 每周向家长推荐早、晚餐和周末一日三餐的建议，使家长按照一日三餐的营养摄入标准调配出平衡的幼儿膳食。

2. 教师定期向家长通报幼儿的体质情况，并且主动地收集家长的信息反馈，及时地进行分析、整理，使信息双向沟通，营养保健工作及时到位。

3. 以班为单位建立家园联系手册，教师定期通过联系手册向家长反映幼儿在园的饮食状况、卫生习惯及希望家长配合的内容，

与此同时,家长也通过联系手册反馈幼儿在家庭中的饮食情况,使家园教育同步化。此外,教师还利用家长接送孩子的机会或家访时间进行个别指导。

4. 开展形式多样的经验交流活动,主要有:(1)家庭与家庭之间的交流。家长间的相互交流活动更具有说服力和亲切感。(2)幼儿园与家长之间的相互交流。这种交流要注意生动活泼,内容丰富、为家长喜闻乐见,改变以往家长会一言堂的形式。如宛南幼儿园曾组织了一次小班家长会,让家长观摩小品并进行集体评析,同时结合会场上设立的十多块关于营养保健的宣传栏,有讲有评,还向家长展示幼儿园的食谱及烹调技术,受到了家长的好评。会后家长深有感触地说:"幼儿园真了不起,使我们接受了一次很好的教育,回去后也要按照学到的方法去调配幼儿的膳食。"形式多样的家园配合收到了显著的效果。

(三)对家长进行分类指导

由于幼儿来自不同的家庭,生活习惯、身体状况等方面存在着个别差异,因此我们在开展营养保健工作中注意因人而异,有的放矢地进行指导。对食欲差的幼儿,要求家长加强孩子的体育锻炼和改善烹调技术;对饮食习惯差的幼儿,要求家长加强对孩子的行为习惯的培养;对体弱多病的幼儿,要求家长加强孩子的预防保健和补充营养;对挑食、偏食的幼儿,要求家长加强孩子的营养教育和膳食平衡。

三、多渠道地开展幼儿营养教育,强化幼儿的营养意识

"人人都应该懂点营养学,其中包括我们的教育对象——幼儿。"通过向幼儿进行营养教育,将有利于培养幼儿良好的饮食习惯,为他们健康成长奠定基础,同时通过幼儿,又可将营养保健

知识普及到家庭中去。幼儿一旦掌握了营养知识后,就会变成其自觉的行动,不但能关心自己的健康,还会主动地提醒和告诫周围的人。具体做法是:保教人员第一抓营养知识的专题教育,第二抓游戏活动中营养知识的渗透教育。

总之,多渠道地强化幼儿的营养意识有利于促进幼儿愉快主动地进餐,培养良好的饮食习惯。

四、编制评估幼儿园营养保健工作的指标体系

为使保教人员有目的、有计划地开展幼儿营养保健工作,并使其逐步趋向于制度化、规范化、科学化,同时也为教育行政部门进行营养保健工作管理和有关人员的自查提供科学合理的依据,我们编制了《幼儿园营养保健工作评估指标体系》。评估指标体系由五个大部分构成一级指标,包括:设施和设备、人员条件、管理工作、营养保健教育工作、幼儿营养达标情况。一级指标下设 14 个二级指标,其中包括 46 条评估标准。评估指标体系采取等级评估法,四个等级依次为"完全达到"、"大部分达到"、"基本达到"、"没有达到",最后以各项目的累计分数来评估工作的情况。本评估指标体系自建立之日起已在六个实验点中试行,并完成了第一期的验证和修订工作,现在又将开始第二期的验证性评估。我们试图通过全面客观的评估指标体系来反映幼儿园营养保健工作的质量。

强化幼儿园保育工作管理
促进保育质量不断提高

赵　敏

　　"百年大计，教育为本。"幼儿教育是基础教育的基础，今天的幼儿将是 21 世纪的建设者。随着教育思想、教育观念的更新，我们的保育观也在不断地更新和发展着。"一流的城市必须要有一流的教育"是时代的要求。站在素质教育的高度，我们认为现代化的保育观应体现在：不仅要为幼儿提供良好、有序、规范的养护和保育，而且还应该创设环境，让幼儿从最贴近生活的保育活动中学会生活，学会学习，学会关心，有计划地采取各种形式，通过多种途径将有关的保育知识和能力传授给他们，使每个幼儿从小养成终身受益的良好的生活习惯、生活能力和自我保护能力。因此，在实际工作中，无论是教师还是保育人员，都要持之以恒地贯彻保教结合的原则，科学地养育好幼儿。

　　基于以上的认识，我们深刻地体会到，教育行政部门在保育工作管理中必须确立主管意识、科学意识和现代意识，从促进幼儿全面和谐发展的高度强化卫生保健、营养等保育管理工作；在理论和实践的统一上，必须坚持先一步、高一层，努力将宏观管理与指导服务有机地结合起来，使全区的保育工作与教育工作同步发展，共同提高，以促进幼儿更健康地成长。为此，我们要努力做好以下工作。

一、依法管理，增强主管意识

近年来，国家颁布了《幼儿园工作规程》(以下简称《规程》)，上海市也颁布了《上海市儿童保健工作常规》(以下简称《常规》)等一系列法规文件，强调要做好幼儿的卫生保健、营养等管理工作，并从法的高度明确了保育工作在幼儿园中的重要地位和作用，为依法管理奠定了基础。然而要切实做到这一点，还必须统一思想，多方协调，有计划、有步骤地实施保育工作管理。

(一) 统一思想，统一要求

增强教育行政部门对卫生保健工作的主管意识，目的是为了理顺关系，实现管理的最佳效能。过去幼儿园的卫生保健工作，教育和卫生部门都管，结果常常会发生意见不一致的情况。通过反复的学习，我们认识到教育与卫生两个行政部门，专业分工不同，管理对象范围不同，但"一切为了孩子"应是我们工作的共同目标。与此同时，我们根据幼儿卫生保健工作专业性强的特点，在管理上变过去坐等儿保所指导为积极争取指导，主动请儿保所医生献计献策，当好参谋。每年区的卫生保健计划制定前，我们总是和儿保所共同协商，达成共识，确立统一的工作目标。计划布置后又各司其职，进行监督、检查、指导，及时沟通信息。对卫生保健标准的制定，更是反复听取市、区儿保所的指导意见和建议，修改完善后再下发到基层园所。由于教育与卫生两个行政部门在工作上有了统一的要求，基层幼儿园普遍反映工作要求明确，便于实施，见效明显。

(二) 制定标准，规范管理

法规管理是教育行政部门履行国家对教育事业的组织领导和管理的基本职能。要使我区的卫生保健、保育工作走上依法管理的轨道，在市、区儿保所的指导下，根据区幼儿教育改革的需要，先后制定了《静安区幼儿园伙食管理细则》、《静安区幼儿口腔保健实施细则》、《静安区幼儿视力保健实施细则》、《静安区幼儿园保健室、保健质量分等定级标准》、《静安区保健员、保育员、营养员、教养员保育工作要求》等管理文件，使保育工作有法可依，有章可循。目前全区的保育工作正朝着有序、规范的方向发展。同时，各种管理要求的制定使园长能根据要求，联系本园的实际情况修改、完善有关制度或工作要求，此外还便于工作人员的执行，也便于检查考核，提高了保育工作的到位率。如根据《静安区幼儿园保健室、保健质量分等定级标准》，各园积极贯彻执行，充分挖掘潜力，优先考虑合格保健室的创立，三年来全区100％幼儿园的保健室达到了合格保健室的质量要求。全区幼儿园的硬件设施得到了明显改善，保健资料管理形成系列，幼儿疾病矫治得到了落实，健康教育形式多样，内容丰富。这项工作的顺利进行，为幼儿园分等定级，做好卫生保健工作打下了基础。因此，在区内形成了良好的激励机制。

（三）树立典型，分类指导

要提高管理效能，各级领导必须各司其职，各负其责。教育行政部门除了通过法规管理、目标管理进行宏观调控外，还肩负着分类指导的义务。幼教科经常结合视导、检查评比等工作及时发现基层园的先进典型，给予具体指导，积极扶植，帮助总结提高，使各园保育工作在原有基础上有了进一步的提高。与此同时，我们还根据幼儿教育改革的需要，认真做好经验推广工作。例如，1994年在陕北幼儿园召开了幼儿园口腔卫生保健观摩会，将该园在幼儿口腔保健工作方面的"指导思想明确，管理到位，措施落实，重视反馈"的经验在全区推广，使口腔保健工作逐渐成为幼儿园的一项常规保育工作。又如，1995年我们在南西幼儿园召开了"幼儿平衡膳食与愉快进餐"的观摩交流会，从而使我区幼儿园的营养工作在科学化、儿童化研究方面有了新的进展。各园不仅重视科学配餐，合理烹调，而且努力为幼儿创设良好的就餐环境，"吃"逐渐成为幼儿生活中的一种美好享受，真正做到了营养促进健康。此外，1996年初，延中幼儿园的保育工作规范化操作经验在全区推广后，各园都能根据本园实际，全面开展保育工作的规范化操作，部分园的保育员还坚持写学习摘记、观察记录、效果记录，探索生活活动中怎样进行教育渗透工作。

二、抓好队伍建设，提高保教质量

"队伍"是贯彻方针、任务，实现目标的保证。当前要适应保育内容日趋丰富、保教政策要求愈来愈多的形势，加强园长、保育人员的队伍建设尤为重要。在教育局人事科的关心支持下，我们进行了全面的管理。

（一）首先抓好园长队伍建设

幼儿园的卫生保健工作涉及面广，科学性强，并非保健员、保育员、营养员单独能完成的，必须将其纳入园长的全面管理工作中。于是我们一方面组织园长学习《规程》、《常规》等法规文件，领会精神，请儿保所医生举办讲座，让园长了解卫生保健工作的范围、要求，组织园长到保育工作有特色的幼儿园观摩学习，逐步提高园长保教并重的目标管理意识；另一方面我们还将保育常规管理、保育研究管理、保育队伍管理等指标列入《静安区幼儿园办园水平评估指标》中，使园长进一步明确保育管理的目标要求，大胆地实施管理，激发园长自我分析、自我完善的主动性，从而在实践中不断提高自己的保教管理水平，确保了幼儿园保健员、保育员、营养员有序规范化工作的顺利进行。

（二）全面提高保育人员的素质

保育人员是保育工作的主体，他们的素质直接影响着保育工作的质量，要贯彻落实保育工作全面化、有序化、规范化、科学化的要求，全面提高保育人员的素质是关键。

1. 提倡持证上岗，强化专业学习

对保育人员我们坚持严格要求，真诚关心，加强培训，分步推进的做法。几年来，我们坚持正规培训与自行培训相结合。当营养员、保育员还没有地方培训时，我们就根据本区保育工作的薄弱环节请专家上课，传授营养、防病、消毒等方面的知识；请操作能手现场操作献技；组织外出学习取经；参加专业研讨活动等。使广大保育人员开阔了视野，掌握了一些必要的保育知识，提高了保育能力。从 1994 年底开始，我们又反复宣传形势，强化持证上岗的积极意义，广泛联系培训基地。在各方面的关心支持下，1996 年底进行的统计结果表明，保健员的专业合格率为 100%，学历达标率为 93.5%，其中 60% 的保健员评到了教师职称；营养员 100% 具有四级厨工以上的证书；保育员 98.96% 通过了二级以上的保育员培训。在全市率先达到了持证上岗的要求。

2. 开展实践系列活动，提高保育能力

为了使全区保育人员的学习积极性持久地保持下去，我们连续几年开展了岗位成才的系列实践活动。例如，幼儿园健康教育系列活动，增强体弱儿体质的"献爱心"系列活动，幼儿园三大员规范操作展示活动等。这一系列活动使我区的保育工作迈上了一个又一个新台阶。

三、向科研要质量，提高保育管理水平

在实际管理工作中，我们清楚地意识到保育工作仅有行政部门的决策、导向还不够，还必须探索保育工作规律，研究科学的保育内容和方法。为了对我区的幼儿负责，我们坚持调查先行，向科研要质量。例如，1995 年进行了区级课题——《静安区体弱儿

现状及对策》的研究，通过对家长和教师的问卷调查，我们初步了解了体弱儿形成的一些共性问题，提出了"区教育局的宏观管理是体弱儿转化的基础；园长加强管理和考核是体弱儿转化的保证；开展健康教育，重视家园同步教育是体弱儿转化的关键"等对策，有的放矢地制定了管理目标，提出了管理要求。《静安区体弱儿管理细则》也已正式出台。目前已举办了面向教师、家长的体弱儿医学讲座，名医就医指南等活动。

营养对正在迅速生长发育的幼儿是非常重要的。我们用科学的方法加强对人、财、物的有效管理，使营养工作能真正满足和促进幼儿身心的发展。营养电脑软件的使用，为科学管理提供了物质基础。"吃了算"更新为"算了吃"，使我们在营养管理中取得了主动。1995年4月，我区膳食研究小组的论文《幼儿园带量平衡食谱的研究》在部分省、市幼儿营养研讨会上进行了交流；1997年7月完成了区级课题——《幼儿园带量平衡食谱的研制和可行性实验》，目前，此项科研成果已在全区幼儿园全面推广，使幼儿的营养结构更合理了，不仅三大营养素平衡，而且注意了微量元素的合理摄入，科研还带动了其他保育工作的同步提高，幼儿生长发育的各项指标都有了明显的进步。实验工作得到了上海医科大学、市儿保所专家的指导和肯定，得到了广大家长的称赞。

强化保育工作管理，使我区的保育工作质量年年都有所提高，1996年5月，市托幼办还在我区召开了上海市幼儿园保育工作现场会。但我们也清醒地认识到，要真正将《规程》思想转化为保教实践，需要做的工作还有很多很多，我们将继续发扬"持之以恒，务求实效"的精神，对科学保育工作做长期、艰苦的探索。

幼儿"愉快进餐"初探

俞慧珍

"民以食为天，人以食为本。"择人生的第一需要——进餐为研究内容，研究食物营养的摄入，研究进餐环境的创设和进餐过程中相应知识经验的传递、饮食习惯与能力的培养、个性与情操的形成。美食、美境、美情、美的鉴赏与陶醉，是我园研究幼儿"愉快进餐"活动的宗旨。"愉快进餐"是指通过进餐的教育研究、食谱研究、环境研究、营养摄入研究，促使幼儿想吃、会吃、能吃，愉快地吃、文明地吃、聪明地吃，从而促进幼儿身心和谐的发展。

一、更新观念，改进食谱

让幼儿在玩中学、玩中求进步已得到共识。能否在吃中玩、吃中学、吃中求进步？我园曾经为幼儿创设了"肉制品美食街"的游戏活动，以游戏的形式购买各种自制的肉制品：五香牛肉干、美味猪肉条、肉枣、肉脯、肉串等，让幼儿随心所欲地选购自己喜欢的肉制品，吃吃玩玩。通过活动与教育，我们发现幼儿午餐时随手乱塞、随地乱扔食物的现象明显减少，于是我们在制订菜谱时，既注意科学性、教育性又尽量考虑幼儿的心理特点。我们的做法是：

1. 根据膳食营养平衡的要求，制作一些吃吃玩玩的小吃类食品，力求品种多而数量少，使幼儿感到吃饭不是负担而是乐趣，更是享受。开学头两天的菜谱是：第一天，菜肉小馄饨一碗，油爆虾三～四个，彩色小蛋糕、哈密瓜数量自选；午点是小果冻两个，两种夹心饼干自选一种，饮料一小杯。第二天，自制汉堡包、卷心菜汤，龙虾片和香蕉自选；午点是"旺仔"小馒头、绿豆粥。这样的食谱，品种和数量都符合幼儿的口味和兴趣。

2. 制订食谱时注重考虑幼儿的参与性，进餐方法的多样性。"参与"是促进幼儿认知活动的重要手段。我园菜谱中的茄汁肉圆、糖醋排骨、蜜汁鱼块等菜的最后一道勾芡的工序留在餐桌上让幼儿参与完成。餐桌上常常根据菜谱需要放上两种以上的调料，如糖醋汁、茄汁、芝麻酱、五香粉、葱油汁等，让幼儿给小肉圆、小鱼块穿上花花衣，替小猪肝、小肉条放进调料盘洗洗澡，把饺子、馄饨的"身上"涂上"香料"后再吃。这样的活动使幼儿的兴趣浓，食欲好，午餐完毕总会兴奋地对老师、父母说："我今天给小肉圆穿上了三种颜色的衣服：红色的茄汁、咖啡色的糖醋汁、浅绿色的葱油。"

3. 食谱的制订注意幼儿进餐技能由易到难的顺序性，菜谱名称注意可教育性。幼儿进餐技能大多是在进餐时习得、巩固、提高的，我们在菜谱制订时适当注意了技能培训由易到难的顺序。例如：在新学期的第一个月里，鱼的做法都是清蒸，这样做的目的是容易拆骨，然后慢慢过渡到红烧、油炸；小班幼儿不会用筷子，因而主食以馄饨、饺子、馒头为主。

4. 制订食谱应注意多样性。食谱的多样性，除了指购制荤素菜品种多样、粗细粮搭配多样、烹调方法多样外，还要注意食物采集的广域性。此外，要求多种营养素的食物结构，要注意三大营养素、维生素、微量元素等比例的科学性。据统计，我园每月荤素菜和各类食物有近百种之多，操作方法也是多种多样的。例如，我们对一个月的食谱（21天）进行了统计，有八顿面食、四顿米饭、九顿花色饭。一个月八顿面食不重复，有烙饼、蒸饺、小馄饨、汉堡包、牛肉煎包、三明治、汤面、炒面等；花色饭是最受幼儿欢迎的，如双色饭、卷心菜葫萝卜虾皮拌饭、玉米饭、五彩饭等，使幼儿感到幼儿园的饭菜有趣、好看、好吃。

二、创设优美、富有情趣的进餐环境

我们把进餐的大食堂用屏风隔成一个个小餐厅，凭借着屏风上的"食物"和盘中的食物来诱发幼儿的兴趣和胃口，陶冶情操和刺激食欲。进餐环境是随着进餐形式变化而变化的：快餐在小餐厅进行，聚餐在大餐厅举行，自助餐在大小不一的活动室进行。大小餐厅的穿插结合，让幼儿随着环境的变化产生新奇的感觉，激发其兴趣，培养其相应的餐饮技能与文明习惯。

三、餐具的更新换代，激发幼儿的食欲

餐具是一种环境，又是一种文化。我们发现，幼儿进肯德基餐厅时，拿起新鲜又陌生的餐具时有新奇、愉悦的感觉。为此我们也进行了模仿，"包装"后的食物得到了幼儿的青睐。我们设计了两套餐具，冬天一套保暖性强的餐具，春、夏、秋三季一套快餐盘，再拆零搭配成个别的餐盘，实际是两套餐具多种用途，适合不同餐点、不同进餐形式使用。

四、灵活多变的进餐方式与相应的习惯能力培养

根据菜谱特点与节日、周末的不同时间以及教育要求的变化，我们常用的进餐形式有三种：

快餐式：每人一个快餐盘，一份饭、菜、汤，培养幼儿吃完自己一份饭菜的相应行为和习惯。个别幼儿进食量的增减由教师因人而异加以掌握。

冷餐式（自助）：每人一副餐具，自选食物，按荤素搭配、样样菜都要吃的原则，按需取食，教师对菜肴进行介绍，让幼儿明白合理选择的道理和方法后进餐。既保证一定数量的必选食物，又留给幼儿自由选择食物的机会。

聚餐式：全班或本年级幼儿围坐在餐桌前，共同进餐，使他们养成恭敬、谦让等文明习惯。

五、有目的、有计划地引导幼儿进餐，寓教于食，使幼儿真正做到"愉快进餐"、"文明进餐"、"聪明进餐"

教师通过各种方法激发幼儿饱满的进餐情绪，培养他们文明的进餐习惯和必要的进餐技能。每周有数次的餐前广播，每次都组织新奇有趣的节目：有餐厅信息、今日菜谱，每次 10 分钟，把餐厅的好人好事用文艺的形式予以报道，激发幼儿都来为餐厅做好事，争做文明进餐、尊敬成人劳动、爱惜劳动成果的好孩子。把每天的菜谱用故事、对话、儿歌、谜语、童话剧等形式生动形象地介绍给幼儿。此外广播还设有奖问答、有奖竞赛，把知识经验、餐饮文化传递给幼儿，如"小猪肝"、"韭菜姐妹对话"、"怎样拆鱼骨"、"牛肉煎包的牛肉在煎包的哪个部位"等有奖猜谜活动，以激起幼儿的食欲。

六、不断改进烹调技术

要将一张营养丰富的菜谱变为一盘美味可口的饭菜，需要营养员付出既辛勤又富有智慧的劳动。营养员在工作中要勤思考，处处要做有心人，要多做一些幼儿在家中吃不到的、不常见的菜肴，如"宝宝枕"、"海带结"、"热带鱼拼盘"、"枣子糕"、"麦片玉米饭"，做一些能剥着吃、捞着吃、叉着吃的冷菜式的菜肴；多做一些能夹着吃、扒着吃、掰着吃的主食；还要不厌其烦地准备调料瓶、佐料盘，让幼儿完成做菜的最后一道工序——"勾芡"。

七、抓观念的转变，促进队伍素质的不断提高

合理的工作环境，良好的人际关系，高境界的精神环境是我们努力追求的目标。

由于园舍的搬迁造成了硬件环境一时不能到位，为此我们连续两年利用寒暑假的休息时间，修整、完善了厨房的工作环境，保证了营养员的规范性操作。

由于教育改革的深入，我们逐渐形成了一个共识，即幼儿园的每一位教职工都是教育的一个组成部分，每位教职工的一言一行在幼儿面前都是一个教育环境。这就要求每个人都要懂教育，学习教育，参与教育，谁在教育中有困难就应得到帮助，谁在教育中尽责尽心谁就要得到赞扬，谁在教育中有贡献谁就应得到尊重。我们认识到，教职工的工作态度与劳动技能一旦得到完善并转化为教育教学的媒体——教具、教科书，他们创设的美味佳肴、整洁优美的生活环境成为幼儿接受教育的中介物时，他们就不再仅仅是后勤人员，而且还是直接参与教育的教育者。

"愉快进餐"的研究关系到园内的各个部门，每个人都必须为他人工作的顺利开展而认真负责地做好自己的本职工作，相互间工作的牵动与联系形成了良性循环的网络，激发了教职工主人翁的工作精神。"愉快进餐"的研究，使幼儿的身心发展更健康了，家长对我们工作更理解、更支持了，我们的教育环境更美、更完善、更合理了，全园教职工更积极、更团结了，思想素质与业务素质也在原有的基础上有了更大的提高。

运动、饮食与矫治肥胖儿

——矫治肥胖儿的探索

王咏清

近年来，随着我国人民生活水平的不断提高，营养过剩这个发达国家的通病已经悄悄来到我们身边，其中最令人堪忧的是儿童肥胖症。以我们南市区新建幼儿园为例，全园 274 名幼儿中，肥胖儿有 14 名，占幼儿总数的 5.1%。

幼儿肥胖已成为幼儿生长的一种常见病，肥胖潜伏着种种近期与远期的危害。世界卫生组织妇幼卫生专家刘湘云教授指出："据观察，肥胖儿内分泌代谢功能也会发生一系列变化，肥胖时间越长变化越大，使得肥胖儿成年后发生糖尿病、高血压、冠心病、胆石症、痛风、乳腺癌、子宫内膜癌等的危险性大大增加。"由此可见，矫治肥胖儿是我们急需开展的一项重要工作。

我们南市区新建幼儿园在区教育局幼教科、区妇婴保健院的指导下，开展了矫治幼儿肥胖的工作，把它作为一项实验课题进行了一系列探索，取得了一定的成效。

一、调查研究，对症下药

造成幼儿肥胖的原因是什么？这是我们开展课题研究和探索首先必须要解决的问题。

从医学角度看，肥胖儿大致可以分为两种：一种是由于其他疾病（如内分泌疾病）导致体内脂肪过度堆积；另一种称作单纯性肥胖，在因果关系上与其他疾病无直接关系。我们针对14名肥胖儿进行了分析，发现这些肥胖儿都是单纯性肥胖，肥胖的原因不是"先天"产生的，主要还是由于幼儿生长过程中所产生的问题。例如，国外有关科研机构通过抽样调查证实，双亲都是肥胖者，下一代肥胖的发生率在60%～85%；父母双方单一肥胖者，下一代肥胖的发生率为40%～50%。但我们所面对的14名肥胖儿中，父母的体重均在正常范围内，无肥胖者。可见，这些肥胖儿在因果关系上与父母的遗传并无必然联系。那么，是什么原因造成这14名幼儿肥胖呢？

我们对幼儿的生活习惯、运动状况、家庭生长环境等方面都进行了较为细致的调查和分析，归纳起来，这些幼儿肥胖是由四个方面的原因造成的。

（一）饮食不合理

14名幼儿均为独生子女，家庭经济情况均较好，生活水平中等，父母在不同程度上对子女比较溺爱，尤其是在子女饮食上采取无节制的放任态度。有的家长认为孩子能多吃就是身体好，有的家长认为孩子长得白白胖胖是一种健康的标志。偏食、挑食、爱吃甜食和饮料等不良习惯在这14名幼儿身上都有不同程度的反映。

（二）缺乏体育锻炼

据分析，这14名幼儿自出生后，体重增长的速度明显超过幼儿正常的增长速度。由于幼儿肥胖，其自我服务能力差，明显反映出他们不愿多参加体育活动，在家庭生活中普遍有爱睡懒觉的习惯。

（三）生活习惯

通过向家长调查发现，这些肥胖儿生活习惯较差，生活上较懒散，喜欢睡觉，不好动。从幼儿园回家后，较多的时间是坐在电视机前，普遍爱吃零食。

（四）家长意识

这些肥胖儿家长基本上都没有认识到幼儿肥胖的危害性。如一个幼儿体重已达到 38 公斤，冬天家长还让他吃蹄髈、桂元进补。多数家长对孩子肥胖有一种顺其自然的态度，有的则感到束手无策。我们感到比较严重的问题是家长对幼儿肥胖矫治缺乏紧迫感。

二、饮食治疗，行为矫治

饮食治疗的目的是使能量的摄入低于实际消耗量，从而逐渐去除过剩部分。它既要保持幼儿生长发育的基本需要和营养素的平衡，又要有分寸地循序渐进，持之以恒。我园在幼儿饮食上多年来一直坚持多结构营养，对肥胖儿饮食结构进行调整。主要方法是：

（一）对 14 名肥胖儿的午餐和点心进行重点监控

我们要求各班教师对班中的肥胖儿进行专门的饮食管理，要求带班教师监督肥胖儿进餐，让肥胖儿放慢进餐进度，只要达到无饥饿感就可以了。有的肥胖儿放学后参加艺术班，我们也不增加点心，劝导他们不吃零食。此外还专门对肥胖儿的饮食结构进行调整，如每餐饮食中增加热量小而体积大的蔬菜，如胡萝卜、芹菜等。

（二）做好肥胖儿的思想工作

向肥胖儿讲解肥胖的危害，鼓励肥胖儿坚持做到晚上在家里少吃一些。对表现好的肥胖儿进行表扬，使肥胖儿自身增强减肥的信心，使他们能够配合饮食治疗。

三、运动疗法，促其减肥

减轻肥胖儿的体重，运动锻炼是极为有效的一种方法。我园是市、区两级先进体育单位，在对肥胖儿的体育锻炼上，我们同样采取为他们开"小灶"的方法，发挥我园活动形式多样的特点，因地制宜地抓好肥胖儿的体育锻炼，促进其减肥。

（一）增加 14 名肥胖儿的运动量

我们除了坚持让这 14 名肥胖儿正常参加园内的一切活动外，还坚持要他们每天早晨 7：45 以前到幼儿园，单独组织他们进行体育锻炼。这样做，一是加大了肥胖儿的运动量，二是纠正他们睡懒觉的习惯。

（二）培养肥胖儿参加体育锻炼的兴趣

我们感到，要想让肥胖儿参加体育锻炼，提高他们对参加活动的兴趣十分重要。因此，为了使他们能主动参与，我们就在兴趣上下功夫。例如，组织他们开展双脚合并跳滑梯台阶，跳到最高处再滑下来，并组织他们进行比赛，幼儿的兴趣很高。

（三）园长重视体育锻炼工作

各班教师都为肥胖儿减肥、加强体育锻炼制定了计划，做到了精心组织，精心安排。例如，一位姓陈的幼儿刚开始不愿意来园进行早锻炼，教师就耐心细致地教育他，后来他天天来锻炼，教师就在全班表扬他，一直到最后他能自觉地每天从家里跑步来幼儿园。一次，这位幼儿的母亲因休假两周没能送他来幼儿园，他也能在家天天坚持踢半小时的足球。

我们感到，在肥胖儿的矫治上，应加大体育锻炼的运动量，也就是改变投入与产出的关系。肥胖儿之所以胖，主要是"投入"太多，而"产出"太少。如果这两者之间能达到一种均衡，就可以使肥胖儿的体重得到控制。因此，在整个矫治的过程中，对肥胖儿增加运动量是十分重要的一种方法。

四、家园配合，双管齐下

在矫治肥胖儿的过程中，我们认为，单靠幼儿园的力量是不够的。肥胖儿一天有1/2的时间是在家庭中度过的，而且从调查的情况看，造成幼儿肥胖的原因，家庭是主要因素。因此，我们在整个课题研究中，始终把家长配合作为重要的一环来抓。

（一）召开家长会，共同商议矫治对策

向肥胖儿家长宣传此项工作的意义，讲清楚幼儿肥胖的危害性以及治疗肥胖儿的紧迫性，使家长了解幼儿期是儿童肥胖的多发期，也是采取措施进行矫治的关键时期。请家长在运动和饮食上配合幼儿园做好矫治工作。由于家长的配合，使我园肥胖儿的矫治工作进展顺利。

（二）以精心管理、细心照顾赢得家长对矫治肥胖儿工作的支持

我们坚持要求肥胖儿每天早一点来幼儿园参加体育锻炼。一开始，有的家长不放心，尤其是春季，怕孩子参加体育锻炼后患感冒。于是我们就组织教师在每次体育锻炼前，在肥胖儿的内衣内侧垫上两块干毛巾。肥胖儿进行体育锻炼后，教师再把这两块吸了汗的毛巾取出。与此同时，用热水为肥胖儿擦身。这种体贴入微的照顾，使家长十分感动，纷纷主动地把孩子送来参加早锻炼。家长的支持对于促进幼儿减肥起到了积极的作用。

（三）家长的配合对于矫治肥胖儿起着决定性的作用

我们在做好家长工作的同时，还经常组织教师对肥胖儿家庭进行重点家访。在这一过程中，我们认识到，解决家长的认识问题是一个关键。家长对肥胖儿的危害认识不清和束手无策是我们首先应解决的两个重点问题。这两个问题解决好了，幼儿园和家

长就能在矫治肥胖儿的工作上达成共识，就会取得明显的成效。

　　以上是我园在矫治肥胖儿的过程中的一些做法和体会。通过一个学期的工作，14名肥胖儿中有3名"摘帽"，身高测体重＜P97；2名肥胖儿的体重减轻了0.5公斤，而身高则有所增长；2名幼儿体重维持原状；2名幼儿体重增长了0.2公斤。在14名肥胖儿中，通过饮食结构合理调整和体育锻炼，矫治有效率达到64.28％。

浅谈我园的卫生保健工作

谢以玲

我园在贯彻《幼儿园工作规程》（以下简称《规程》）的过程中认识到,幼儿园保健员负责全面管理幼儿园的卫生保健工作,协同园长、教师、后勤人员、家长共同保护幼儿,促进幼儿身心的健康发展,是幼儿园工作的重要组成部分。幼儿园保健员必须要具有爱岗敬业的精神,要热爱幼儿,同时必须熟知幼儿保健等专业知识,掌握必备的专业技能,应严格执行卫生法规。近年来,我们在《规程》思想的指导下积极地开展了卫生保健工作。

一、建立健康检查制度,了解每个幼儿的健康状况

我们不仅定期做好已入园幼儿的各项健康检查制度,还对新入园幼儿进行健康状况调查,以便能正确、全面地分析、评价幼儿身体健康发展的情况,同时也能有针对性地保护幼儿。新生入园时,我们向家长发放一份"新生健康情况调查表"。通过调查,初步掌握幼儿的健康状况,如有无慢性疾病、曾患过哪些传染病、有无禁忌症等,同时对幼儿的饮食、午睡、大小便习惯及自我服务能力也进行了了解,为患有营养不良、贫血、哮喘、气管炎等疾病的幼儿建立"健康档案"。因此,园里哪些幼儿扁桃体经常肿大,哪些幼儿容易感冒继发哮喘,谁食欲差,谁有偏食、挑食的习惯,我们都能做到心中有数,并在日常生活中有针对性地重点保护和指导。例如:遇到季节变化首先想到哪些幼儿应加衣服;班内幼

儿得了传染病，首先提醒易感染的幼儿家长对孩子多加注意；幼儿午餐吃鱼腥食品时，对哮喘及过敏体质幼儿均另安排菜肴；为患病幼儿开设病号饭。通过耐心细致的工作，全面照顾幼儿在幼儿园的生活。

幼儿园晨检工作是健康检查工作的重要内容之一，也是了解每位幼儿健康状况的重要环节之一。每天清晨，我们对来园的每位幼儿都要仔细观察，从幼儿的精神、脸色和情绪中判断是否有不适之处，有一些不易被家长察觉，医生也未诊断出的病症，也在晨检中被我们发现。例如，小一班的部分幼儿手掌心上有隐约的红点，医生诊断认为是一般的皮肤病，我们详细检查后，发现这些幼儿的足底也有同样的红点，并伴有舌痛感，认为是一种由病毒引起的小儿疾病——"口足舌"，经儿科医院医生确诊，证实了我们的判断。又如，在晨检中发现幼儿胡×的颈部有硬块，及时将这一异常情况告诉家长，建议家长去医院进一步检查，后经医生诊断，孩子患有淋巴肿瘤，我们的细心工作使幼儿得到了及时的治疗，家长十分感动。

二、建立卫生消毒、病儿隔离制度，尽早发现问题，及时采取疾病防治措施

我们严把卫生消毒关、病儿隔离关，从幼儿的玩具、用具、餐具到教室环境，从走廊、楼梯、厕所到各类专用活动室，我们都创设了消毒条件，提出了不同的消毒要求。同时又健全了保育员、营养员、保健员的卫生消毒制度，健全了各部门的规范操作常规，保证了幼儿园各环节的卫生消毒工作、疾病防治工作的有效开展。例如夏、秋季节，因我园花园大，树木多，蚊子也特别多，我们想尽办法采取多种室内、外灭蚊措施，联系最先进的技术力量进行定期灭蚊，以减少幼儿被蚊虫叮咬。对个别患上传染病的幼儿，

我们除了设幼儿隔离室以外，还对患儿所在班级与其他班级进行隔离，避免病菌延蔓。同时，对隔离班进行更严格的卫生消毒，以积极的方法控制隔离班的发病率。我们还在传染病多发季节，多让幼儿在户外活动、锻炼，并经常开窗，保证室内空气流通。同时，给幼儿增加大蒜、韭菜、板蓝根等增强免疫力的食物和药品；此外还根据需要按比例增强消毒液的浓度，增加紫外线消毒，用醋熏的方法进行杀菌消毒，切实做好疾病防治工作。每逢季节交替、气候变化之际，患病的幼儿增多，不少幼儿需要带药来园服用。这些药品种类繁多，服药时间也参差不齐，我们不怕麻烦，坚持按治病的需要，定时送药到口，服务到人。

我园每学期为幼儿普查视力一次，通过普查及早发现问题，及时进行治疗和矫治。普查前教会幼儿识别符号，学会如何用手势表示方向。若发现个别幼儿视力很差，我们不轻易下结论，而是不厌其烦地教其识别方法，若还不行时，再建议家长带幼儿去治疗。例如小班幼儿孙×在普查时，经检查，其视力只有0.08，由于发现得较早，这些幼儿经矫治视力已有所提高。可见及早发现问题，及时预防和治疗，是保证幼儿健康成长的重要环节。

在日常工作中，我们经常发现有些家长因工作繁忙而耽误了对幼儿的诊治，影响了幼儿的健康成长。为了方便家长为幼儿就医，我们与儿科医生联系，每周定期到幼儿园开设儿科门诊，让家长在送幼儿来园的同时及时给病儿就诊，让患病幼儿当日中午就可以服药，及时控制幼儿病情，使家长安心工作。

三、协助园长组织实施有关卫生保健的法规、规章和制度，并监督执行

卫生保健工作法规、制度的落实和执行，涉及面广，落实在全园保教工作的各个方面，与全园各部门的教职工有着密切的联

系，工作要求高、难度大，所以保健员既是卫生保健制度的执行者，也是各项保健工作的组织者，更是园长管理和指导的参与者。定期检查，及时向园长反馈各方面的情况，为园长全面掌握幼儿园工作提供依据。为了提高保育员的业务水平和规范操作能力，我们除了平时在工作中具体帮助指导以外，还定期举办业务讲座，向保育员介绍幼儿的年龄特点，以及如何照顾幼儿的午睡，讲解几种常见疾病和传染病的主要症状以及小儿外伤的应急处理及注意事项，此外还组织保育员认真学习保育员操作常规及各项规范操作细则。例如，活动前的准备：为幼儿提供体育锻炼的器具，保管好幼儿衣物，并放入指定的地方，做好体育锻炼后的工作，如整理器具、提供擦汗的毛巾等；午餐前的准备：更衣洗手，戴上帽子和口罩，桌面按时消毒，摆好留有空间的桌、椅，有次序地发放餐具等；午睡前的准备：开窗，通风，清扫地面，按幼儿人数铺好睡垫，正确折叠垫被等，此外我们还经常与炊事员共同研究烹调方法，并请来西点师傅介绍做蛋糕、杏仁酥的方法，让炊事员学会更多的技术，为幼儿制作美味可口的点心。我们努力做到合理搭配各种营养食物，根据季节变化调整食谱，力求做到规范化、合理化、科学化，以确保食物营养素少流失。例如：食品先洗后切，切后即下锅；淘米先拣掉杂物，避免搓洗，适当清洗等。

　　通过对《规程》的学习，使我园教师保教并重的观念有了进一步的提高。大家认识到，幼儿年龄小，不但需要细心的保护和关怀，而且需要温馨的触摸和爱抚，不但需要注意幼儿的安全，而且还需要培养幼儿的自我保护能力。园领导与教师共同探讨幼儿体育锻炼活动的保育工作和幼儿自我保护能力的培养，生活活动中的保育与生活自理能力的培养，教学活动与游戏活动中的保育等。我们将幼儿保育工作细则要求与保育知识编成一组组能力问答题，编排成一个个文艺小节目。运用多种形式让教师从理论到实践逐步掌握一些保育工作的操作要求，提高保教能力。

四、指导家长科学育儿

不少家长在养育孩子时片面追求营养，致使孩子高蛋白摄入过多；还有的家长让孩子吃得过精过细，粗粮及粗纤维食物几乎不让孩子吃。长此以往，造成孩子牙齿发育不健全，也形成许多偏食、挑食、少食的不良习惯。针对上述情况，我们每月定期出版"保健卫生"专栏，向家长宣传合理营养、科学养育的知识，以及各种小儿常见疾病的症状及护理方法、日常生活中卫生保健小常识等，并请市儿童医院医生来园向家长宣传科学育儿的知识。由于我们比较重视指导家长科学育儿，当家长对孩子的健康有疑问时，就会在晨检时来向我们询问，如近日孩子胃口不佳、晚间经常腹痛是否有虫？哮喘反复发作服哪些药好？咳嗽多时服药也不见效怎么办？对于家长提出的种种问题，我们总是尽可能地解答、指导、建议，直到家长满意为止。

(康丽琪、叶洁明 整理执笔)

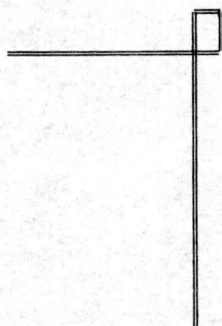

文 献 综 述

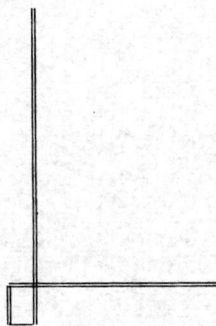

幼儿园保育文献综述

阎 岩

对幼儿健康的保护和促进，关系到国家的未来和民族的兴旺。优生、优教、优育在我国已成为综合性的社会工程，为全社会所重视，更为广大家长所关心。幼儿正处于生长发育最为迅速的时期，由于身心发育尚未成熟，对各种自然环境和社会环境的适应能力差，对疾病的抵抗力和对压力的承受力弱，因此对幼儿实施良好的保育，不仅影响幼儿目前的健康状况，而且对其未来的健康也将产生持续的影响。因此，保育观应随健康观的改变而改变。幼儿园是对 3～6 岁幼儿实施保育和教育的机构，保育和教育紧密联系，难以分离，应把对幼儿的保育放在一个广阔的背景下，从生理、心理和社会等多方面予以考虑。本文将就保育的概念、内容结构、特点、评价及目前幼儿保育动态五个方面的问题进行一些简要的概述。

一、保育的概念

保育是幼儿期的一项重要工作，是幼儿在实现由生物人向社会人的转化过程中不可缺少的重要一环。通常人们把保育定义为："从事教育的工作者运用科学的方法，以求得幼儿身心的尽量发展，使幼儿成为健全的国民。"但也有一些专家、学者从不同的角度对保育的内涵进行了各自的阐述。

一种观点认为，保育中的"保"就是指保护，而"育"包括生育、养育和教育三个方面。广义的保护则包括生育与养育，即优生保健、婴幼儿营养等，目的是使婴幼儿免于受到外来的侵害，而能自由自在地开发个体的潜能。教育就是使幼儿得到最适当的教育内容，以利于其身心的发展及将来独立自主之准备。

另一种观点认为，保育有广义和狭义之分。广义的保育包括对幼儿身体的照顾和各种心理过程的发展和培育；狭义的保育专指对幼儿身体的保护和养育。幼儿的卫生保健就是属于狭义保育的范畴。

二、国内外幼儿保育动态

（一）国内外幼儿保育概况

随着现代科学技术和社会的发展以及健康观念的转变，保育由只注重身体健康逐步发展为身心的全面要求。在 1989 年 11 月 20 日召开的第 44 届联合国大会上通过了《儿童权利公约》，为儿童的福利制定了一套全面的国际法律准则。该公约的许多条款都与保护和增进儿童的身心健康有关。例如，第 24 条规定，缔约国确认儿童有权享有医疗和康复设施。又如，第 32 条规定，缔约国确认儿童有权受到保护，以免受到经济剥削和从事任何可能妨碍或影响儿童教育或有害儿童健康或身体、心理、精神、道德或社会发展的工作，缔约国应采取立法、行政、社会和教育措施，确保本条款得到执行。1990 年 9 月，联合国在纽约召开了世界儿童问题首脑会议，会上提出，要在 2000 年前努力结束当前存在的儿童死亡及营养不良状况，并为全世界儿童身心的正常发育提供必要的保护。

我国是《儿童权利公约》的签约国。近年来，我国也制定了儿童和青少年的保护条例和政策。通过保健，使儿童达到尽可能的健康水平，是我国的一项十分重要的社会性目标。

（二）保育的组织机构和形式

保育的组织机构和形式是多种多样的。

从组织机构看：日本有保育学会，它是日本保育工作者的学术团体，旨在加强与保育研究有关的个人和团体之间的联系，报道交流保育研究的动向。英国有为 2～5 岁幼儿设置的保育学校，目的是促进幼儿在体、智、德几方面的发展。

从活动形式看：日本有自由保育和集中保育。自由保育是让幼儿按自己的兴趣选择活动、发展经验的保育形式。集中保育也称为一齐保育，即按保育的统一计划在同一时间、同一场所用同一方法，对全体幼儿进行同一内容的教育或活动。芬兰有保育妈妈的保育形式，这种保育形式使婴幼儿能够得到家庭式的温暖。

从发展趋势看，世界各国都将儿童的心理发展列为保育的重点，并提出了积极预防儿童心理障碍的措施，分别为一级预防、二级预防、三级预防。一级预防即从根本上消除导致儿童心理障碍的原因，防止各种心理障碍和异常行为的发生，它的对象是正常的、健康的儿童；儿童心理障碍的二级预防，即及早发现儿童的心理障碍和异常，及时进行干预，防止问题性质的恶化，它的预防对象是有轻度的心理障碍和行为问题的儿童；儿童心理障碍的三级预防，是对有较严重心理障碍和心理疾患的儿童开展康复活动，这项工作主要由儿童心理卫生中心等专业院所承担。

三、幼儿园保育的内容结构

幼儿园的保育是属于多元性的，亦即从生理和心理着手，并且交互影响。幼儿园的保育任务除了要注重幼儿的身心健全发展外，更要促进其将来独立谋生的能力。有的学者从目标的角度出发，提出了幼儿保育的六方面内容。

（一）给予幼儿良好的生长环境

从广义而言，就是为幼儿提供充足的阳光，清新的空气，品质好的水源以及和乐、安详、进步的社会。从狭义而言，就是为幼儿提供洁净的生活环境及良好的人际关系。

（二）给予幼儿适当的营养

这其中包括三层含义：1. 要有足够的营养，营养充足才能使身体有正常的发育；2. 要有均衡的养分，不偏食，广泛摄取各种营养素；3. 营养要有所节制，以免过剩的营养会造成身体机能的不适应。

（三）训练幼儿的动作

包括粗、细动作，大、小肌肉运动等各种动作技能，掌握谋生、独立生活的基本技能。

（四）启发幼儿的智能

包括一般智力（思考力、创造力、记忆力、理解力、想像力等）及特殊能力（音乐能力、美术能力、运动能力等）。

（五）陶冶良好的人格及情绪模式

陶冶良好的人格及情绪模式对日后的道德修养、人际关系都会有益，且是一个人迈向成功的根本。

（六）促进幼儿的社会化

家庭、社区及整个社会生活领域的扩展，都是社会化的途径，是幼儿日后与人共处所不可缺少的能力。

也有些理论和实践工作者，从现代社会对幼儿健康的要求出发，从幼儿卫生保健的角度，提出了幼儿园保育的体系，使幼儿园保育的内容日趋丰富，主要包括以下几方面内容：

（一）幼儿营养的保育

根据幼儿生长发育的特点及对营养素的需求特点，为幼儿提供科学、平衡的膳食，以满足其生长发育的需要。其中还包括对幼儿膳食的调查与评价、幼儿良好饮食习惯的培养及食疗。

（二）日常生活中的保育

日常生活中的保育是指幼儿每天所需的衣食住行的科学养育，主要包括：睡眠、服装、排泄、个人卫生等生活环节。幼儿园的保育工作主要是体现在日常生活中，一切保育工作都应从幼儿的生理、心理发展特点出发，从幼儿健康的角度考虑，进行科学的安排，同时还应注重培养幼儿自我保护的意识及能力，从中体现保中有教、教中有保的思想。

（三）幼儿心理的保育

通过对心理健康标准的认识，分析影响幼儿心理健康的各种因素，尤其对幼儿存在的情绪障碍、品行障碍、睡眠障碍、排泄障碍等种种心理问题，提出恰当的、符合幼儿实际的保育措施及预防矫正措施，以促进幼儿心理的健康发展。

（四）学习活动中的保育

也就是在充分认识幼儿身心发展规律和状况的基础上，根据卫生学的原理和原则，如有机体的生物节律、大脑皮层机能活动的特点（始动调节、动力定型、镶嵌式活动、保护性抑制），制定和安排适合幼儿身心发展特点的生活制度和各项活动，使幼儿的身心健康能得以增进，力求幼儿能处于积极的健康状态。

四、幼儿园保育的特点

（一）幼儿园保育工作的全面性

幼儿园的保育工作包括对幼儿的营养、睡眠、活动、安全、排泄、服装、心理健康、环境、体弱幼儿的保育等多方面内容，是广义的保育，因此幼儿园保育工作的内涵极其丰富。幼儿正处于由生物人向社会人的转化过程中，在这期间，如果没有成人的精心抚育和关怀照顾，幼儿就难以健康成长。幼儿园保育力求在幼儿身心两方面都有所反映。

（二）幼儿园保育工作的科学性

幼儿教育已从过去的片面强调福利性、补偿性逐步发展到重视其科学性，这已成为世界幼儿教育发展的趋势。3～6 岁幼儿身心发展有其自身的特点，在身体发育、认知发展、个性形成等规律的基础上，对幼儿的饮食、睡眠、穿脱衣服及日常生活习惯的形成，对幼儿进行疾病、环境卫生、安全、消毒等进行科学保育，这样才有成效，才能真正有利于幼儿的健康。

（三）幼儿园保育既要关注一般的健康问题，也要关注特殊的健康问题

幼儿园保育不仅要关注一般的健康问题，还要特别关注幼儿集体中产生的特有的健康问题，这是由托幼机构本身的保健特点决定的。每个幼儿都以独一无二的个体形式存在于集体中，都有不同于其他幼儿的健康问题，幼儿保育需要从保护和增进每个幼儿的身心健康出发，处理每个幼儿的健康问题。

（四）幼儿园保育和教育密不可分

保中有教，教中有保，相互包含，相互融合，这是由托幼机构本身的特点所决定的。许多活动中既有保的因素，又有教的因素，对幼儿所产生的影响既有保育作用，又有教育作用，两者难以截然分开，否则就失去了幼儿园保育的特色。

（五）幼儿园保育在家庭、社区、社会保健机构等方面发挥着桥梁作用

家庭、社区和社会保健机构结合在一起，才能高效率、有计划、有目的地对幼儿实施保健，才能对幼儿的健康保护和增进发挥更大的作用。

五、幼儿生长发育的评价

对幼儿园保育工作的评价，主要从管理制度和幼儿身心发育评估两方面进行评价。

在管理制度落实的评价中，既要根据《幼儿园工作规程》，还要根据由卫生部和教育部联合颁布的《托儿所、幼儿园卫生保健管理实施细则》及各地方行政部门等规定的内容，从管理、操作实施等几方面进行评价。对幼儿身心发展的评价主要采用如下方法：

（一）心理发育评价

幼儿心理发育包括感知觉、动作、认知、情绪、个性和社会性等方面。这些方面的发育是相互影响、相互促进的，对个体幼儿心理发育的评价可从发育的各方面作出判断和进行评价，评价方法主要有以下几种：

1. 谈话法

获取对幼儿进行心理发育评价所需的有关信息的一种简单而又十分普遍的方法。通过对谈话所取得的资料的分析，初步估计幼儿的行为表现在该年龄和其所在的环境条件下的正常或异常，认识这些行为问题和心理障碍的性质和产生的原因，对幼儿心理发育进行进一步的评价提供依据。谈话方式主要有非标准化谈话和标准化谈话。

2. 观察法

通过对幼儿心理发育进行评价，发现幼儿可能存在的行为问题和心理障碍而进行的有计划的知觉过程。观察是建立在观察者经验的基础之上，掌握客观的衡量标准，观察者要有明确的观察目的，对幼儿进行观察主要有自然主义的观察、情景观察和行为观察三种形式，可根据不同要求采取不同的观察形式。

3. 筛选检查法

可运用尽可能简便的心理测验的方法获取有关幼儿心理发育状况的信息，通过筛选可从群体幼儿中发现在心理发育中可能存在缺陷和障碍者，从而为鉴别和诊断问题提供捷径。国际上广泛运用的筛选检查工具有：丹佛发育筛查测验（DDST）、麦卡锡筛查测验（MST）、早期筛查量表（ESI）、明尼爱珀利斯早期筛查量表（MPSI）、KIDS 婴儿发育量表、瑞文推理测验（RPM）等。

4. 智力测验

用来测量人的智力水平的重要心理诊断技术。3 岁前和 3 岁后儿童在测验内容和项目上有较大的区别，中国可有效用于儿童智力测验的量表有多种：CDCC 量表（婴幼儿智能发育量表），适用于对 0～3 岁婴幼儿智力发育进行诊断性测验和评估；WPPSI 量表（韦克斯勒学前儿童智力量表），是国际上公认的较好的智力测验工具；麦卡锡儿童能力量表（MSCA），也在国际上被广泛运用。

5. 人格测验

也是用以评估个性心理特征的方法和心理诊断的技术。从方法上可分为结构不明确的投射测验和结构明确的问卷法测验两大类。罗夏测验是一种常用的投射测验技术，能适用于成人和儿童，对于诊断异常人格有一定价值。适用于儿童的投射测验还有儿童统觉测验、绘人测验、填句测验等。

（二）幼儿体格发育评价

幼儿体格发育评价包括幼儿体格发育水平、发育速度及匀称程度三个方面，通常采用如下方法：

1. 离差评价法

离差评价法是将个体幼儿的某项发育指标数值与当地所制定的该项指标的"标准"的平均值与标准差进行比较，以评价幼儿的发育状况。其中最常用的是发育等级评价法、百分位数评价法，是近年来许多国家用来制定生长发育标准的方法，其优点是可适用于正态分布的资料。其标准的制定是将调查中所测出的数值按照由小到大进行排列，然后分成 100 个百分位数，其中第 50 个百分位数即相当于中位数。正由于百分位数既有明确的数字概念，又容易使人理解每个幼儿发育水平所处的位置，故越来越被广泛用于生长发育标准的制定过程中。

2. 身体指数评价法

身体指数评价法是根据人体各部分之间的比例关系，借助数学公式换算成各种指数，是对幼儿生长发育状况进行评价的一种方法。常见的身体指数有：身高体重指数、Kaup 指数、身高胸围指数、身高坐高指数等。不同指数反映不同的方面；身高体重指数用以说明人体的充实程度；Kaup 指数是评价婴幼儿营养状况的常用指数；身高胸围指数可以看出幼儿的体型特点；身高坐高指数用以说明体型的特点。

3. 相关评价法

相关评价法是以离差法为基础的利用相关系数和相关回归表评价个体生长发育的方法。这种评价方法不仅能反映个体的发育水平，还可以结合两项指标进行比较，分析出幼儿体格的匀称程度。

4. 发育年龄评价法

发育年龄评价法是用身体某些发育指标的水平制成标准年龄，用以评价个体幼儿的发育情况，常用的有形态年龄、第二性征年龄、牙齿年龄、骨骼年龄。

对以上这些方法，通过统计分析，既可分别对个体幼儿的发育状况进行评价，也可统计出集体中不同发育等级的构成比例和发育趋势。

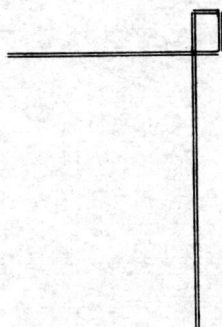

附　　录

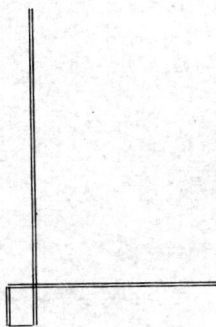

保育工作常规

上海市托幼工作办公室
上 海 市 卫 生 局

为了落实《幼儿园工作规程》和《托儿所幼儿园卫生保健管理办法》两个文件的精神，规范上海市托幼机构保健员、保育员和营养员的操作常规，提高托幼机构的保育工作质量，市托幼办和市儿保所在 1997 年 6 月共同监制拍摄了《保育工作常规》录像片，并撰写了该片的内容说明，以便于广大保教人员直观、形象、明确地理解和执行本岗位的操作要求。

保健员工作常规

一、设备、设施

（一）保健室

应根据卫生部门的要求设置保健室。

1．一般设备：桌椅、药品柜、保健资料柜、流动水、诊察床。

2．体检设备：杠杆式体重计、灯光视力箱、对数视力表、供3岁以上幼儿使用的立式身高测量板和供3岁以下幼儿使用的卧式身高测量板。

3．消毒设备：紫外线灯、常用消毒液和测试纸。

4．药品柜：外用药和内服药要分开放置。外用药主要有红药水、紫药水、75％的酒精、双氧水、碘酒等。内服药主要有小儿退热片、氟哌酸、黄连素、感冒通片、多酶片等。常用医疗器械主要有：针、镊子、剪刀、弯盘、听诊器、体温表、手电筒、压舌板以及敷料等。

（二）隔离室

寄宿制托幼园所必须设置隔离室。

1．室内一切物品用具必须专用，未经消毒的物品不得带出室外。

2．隔离室应有专人负责，进入隔离室的工作人员必须穿隔离衣，出室时脱下挂在固定的地方，双手进行消毒。

3．隔离室不得紧靠幼儿活动室和营养室，以及幼儿容易到达的场所。

4. 隔离室不能一室同时隔离两个病种，患儿离开后必须彻底清毒。

5. 隔离室必须配备儿童床、桌椅、流动水、隔离衣、体温表、压舌板、面盆、毛巾、肥皂、手电筒、便器、消毒药物、清洁用具、病情记录本、儿童玩具等。

二、疾病预防

（一）晨检

晨检是早期发现疾病的重要环节，因此保健员应熟悉常见病的早期症状。

1. 晨检前，保健员要换好干净的工作服，保持仪表整洁，不留长指甲，不戴戒指。

2. 准备好晨检用品，主要有：晨检牌子、手电筒、压舌板、体温表、记录本、常用外用药、酒精棉球、纱布、棉签等。

3. 日托幼儿每天早晨进班前，全托幼儿每天早晨起床后，由保健员做晨间检查。晨间检查要做到一摸、二看、三问、四查。

4. 对家长送来的药品要做到核对药名、姓名、剂量和服药时间。

5. 对需要服药以及应该在班内重点观察的幼儿，要分别发给不同的晨检牌子。

6. 对晨检时发现的异常幼儿送观察室观察。

7. 晨检结束后，将记录本交各班老师。

8. 每天下班前，保健员要收回晨检牌子并进行消毒，为第二天晨检做准备。

（二）服药及病儿观察

1. 保健员做到送药进班，按时服药。给幼儿服药以前要用肥皂、流动水洗手，服药时必须做到三查四对。要用专用的消毒药杯。

2. 对患病的幼儿及时隔离，仔细观察幼儿的精神、食欲、体温和大小便情况。

（三）常见传染病处理

1. 发生传染病后，保健员应及时填写传染病报告单，向儿保、防疫机构报告。

2. 发生传染病后，对活动室、盥洗室的环境和所有物品进行终末消毒，消毒液浓度比平对预防性消毒的浓度增加一倍。

3. 对患儿所在的班级要进行医学观察，医学观察班的所有物品必须同正常班级分开使用，食具不能进营养室，要分开消毒。

4. 对接触传染病的患儿要立即采取预防措施，包括进行抗体注射和服药，防止传染病流行。

5. 传染病患儿必须凭医疗机构出具的疾病治愈证明才能返回班级。

6. 托幼机构的工作人员必须有健康证明才能上岗，每年要全身体检一次。发现传染病必须离岗治疗，康复后凭县级以上医院证明才可以恢复工作。

三、卫生消毒

1. 保健室、隔离室要保持空气流通、环境整洁，用品要安放整齐，每天用消毒液擦洗。

2. 每天早晨配制当天所用的消毒液。所有的消毒液配制完后都要用试纸测试药液的浓度是否达到要求（配制 1 000 毫升 0.5% 的消毒灵溶液，应先用量杯放 1 000 毫升清水，再加入 5 克消毒灵，充分搅拌、加盖。配制 1 000 毫升 0.5% 的过氧乙酸溶液，先用量杯放 995 毫升的清水，加入 5 毫升的过氧乙酸原液搅拌，然后加盖）。

3. 负责督促保育员和营养员做好预防性消毒工作，并对消毒技术进行指导。

4. 园所每周一次用紫外线消毒灯或者用醋熏等方法进行室内空气消毒（每次 30 分钟）。发生呼吸道传染病要加强消毒。

四、健康监测

托幼园所的幼儿每年要定期体检，保健员应当配合医生做好幼儿的血色素普查和全身体检工作。

1. 婴幼儿入园（所）以前必须进行全身体格检查。携带上海市儿童预防接种证和健康检查表，经检查合格才能入园（所）。1岁以内婴幼儿每 3 个月体检一次。1～3 岁幼儿每半年体检一次，3岁以上幼儿每年体检一次，每隔半年测量身高和体重一次。

对 3 岁以上的幼儿每年检查视力一次，并及时矫治视力异常幼儿。

2. 经过专业培训的保健员可参加测量工作。

3. 保健员还应掌握体格发育百分位的评价方法，对测量数据进行分析、登记和评估。

4. 对体检时发现的体弱儿和肥胖儿要配合医生进行矫治。对体弱儿加强生活护理，有针对性地增加营养菜；对肥胖儿主要是控制饮食，增加运动量，并进行个案登记，定期检查。

五、营养工作

1. 对每天采购的食品要进行验收，杜绝不新鲜食品进入园所，并且同当天的食谱相符合。建立食品验收簿，验收食品时一项一项地登记，并做好当天用餐量的登记工作。

2. 每天检查营养员操作常规，荤、蔬菜是否洗干净，操作顺序是否正确。进熟食间验收验发熟菜，检查食品是否做到烧熟煮透和现烧现吃。烹调时是否注意色、香、味齐全，是否根据食谱安排制作午餐和点心，检查营养员分发饭菜是否符合卫生要求。

3. 督促营养员准时开饭，做到饭菜温热。

4. 保健员每周末根据季节和幼儿年龄特点制定下一周的食谱，编制食谱要做到六个搭配：米面搭配、荤蔬搭配、深浅色蔬菜搭配、动物蛋白质和植物蛋白质搭配、干稀搭配、甜咸搭配。

5. 每月月初做好上一个月的营养分析，看各种营养素是否达到平衡膳食的要求，对存在的问题提出改进措施。

六、安全工作

1. 保健员要做好幼儿户外体育锻炼和幼儿活动时的安全指导工作。

2. 参加托幼园所的安全制度的制定工作，做到制度上墙，严格执行，对各种不安全因素提出改进措施。

3. 经常检查园所内的建筑物以及各种设备、设施、大型玩具、室内家具、电器设备有否事故隐患。

4. 定期对园所内的工作人员和幼儿进行安全知识教育。培养幼儿自我保护能力。

七、检查督促

1. 根据幼儿不同的年龄和季节变化，同园所长、班级教师一起制定科学合理的作息制度，并经常督促、检查。

2. 每天要进班检查幼儿的进餐、午睡情况，发现异常现象及时纠正处理。定期检查幼儿的个人卫生。

3. 幼儿在户外体育锻炼时，保健员要观察幼儿的精神状况，检查活动内容的安排，测定幼儿的活动量。

4. 指导教师对肥胖儿进行适量的体育锻炼，指导教师和保育员对体弱儿给予特殊照顾，注意观察体弱儿的精神、面色、脉搏和出汗等情况。

八、健康教育

1. 定期向家长了解并且通报幼儿健康状况。

2. 定期出黑板报，印发健康卫生宣传资料，有针对性地进行健康教育。定期在家长学校中开展卫生保健知识讲座。

3. 每两周一次进班级，对幼儿进行卫生保健知识教育。

4. 每月一次组织园所内的工作人员进行卫生保健知识的业务学习。

九、资料管理

1. 保健员负责本单位的各种保健资料的记录、登记、统计和分析工作。按卫生部门的要求，及时准确地填写各种表格。

2. 定期开展保健、营养方面的专题调查，写好专题报告。

营养员工作常规

一、个人卫生

1. 上岗前换好干净的工作服，戴好工作帽。做到三白：工作服白、工作帽白、口罩白；四勤：勤理发、勤换衣服、勤洗澡、勤剪指甲。

2. 上灶或接触熟食前必须用肥皂、流动水洗净双手。

3. 不留长指甲，不涂指甲油，不戴戒指及手链。

4. 上厕所前必须脱工作服，便后用肥皂及流动水洗手。

二、营养室环境卫生

1. 每天清晨打开营养室窗户，保持室内空气流通，并注意固定窗钩。

2. 熟食间内应备一桶消毒水。

3. 抹布与清洁工具要专用，挂放在贴有标签之处。

4. 营养室内须有专用的淘米池、蔬菜池、荤菜池、污水池。淘米池只能用来淘米洗碗，蔬菜池只能用来浸洗蔬菜，荤菜池只能用来洗荤菜，污水池只能用来清洗拖把，各池不能混用。

5. 操作台上的物品必须摆放整齐，使其清洁无油污。

6. 灶台每天必须清洗干净，做到无油污。

7. 每天清理蒸饭箱、消毒箱、调味品橱及盛器，保持清洁无油污。每天用湿布揩热水瓶及热水瓶橱，保持清洁。

8. 必须保持冰箱清洁无异味，在冰箱外贴生熟标签，做到生熟食品严格分开。

9. 每周一次揩熟食间、生食间、营养室的纱窗及玻璃窗，做到窗户明净，门上无油污。

10. 用碱水擦洗升降机，拖熟食间、生食间、营养室的地面。

11. 用温洗洁精水揩蒸饭箱及消毒箱，然后用清水揩净。

12. 经常用去污粉擦荤、蔬菜水池，淘米池及下水池，保持水池清洁。

13. 用碱水洗刷阴沟下水道，使其畅通无污渍。用碱水擦洗脱排油烟机，使其无油腻。

14. 每月一次室内外掸灰，擦日光灯、电扇等，定期对环境进行打扫，保持室内外无积灰。

三、清洗及消毒

1. 每次烹调完毕后清洗灶台，收拾盛具，用温洗洁精水和专用抹布由里向外洗刷烹调时用过的盛器及炊具，然后用流动水冲洗干净，放入生柜及灶台。

2. 用温洗洁精水、专用抹布由里向外清洗餐具，再用流动水冲洗干净，然后按班级人数将洗净的餐具放入专用的盛器内，再放入生柜，次日消毒备用。

3. 每天早晨用 500PPM 的消毒灵溶液或其他消毒溶液揩抹熟食间所有的台面、柜面、升降机以及存放生餐具的橱、柜、桌面。注意抹布的湿度以不淌水为宜。

4. 熟食盛具及食具一餐一消毒，可采用蒸汽消毒（水开后蒸20～30 分钟）或煮沸消毒（物体浸没水中，水开后再煮 10 分钟）。消毒后的熟食盛器及食具要沥干水放入熟食间或消毒间免受污染，杯子消毒亦采用蒸汽消毒或煮沸消毒，消毒完毕应及时将杯子放入熟食间或消毒间。

5. 毛巾消毒也可采用蒸气消毒或煮沸消毒，注意毛巾洗净绞干后，应解松后放入消毒箱消毒，这样才能达到消毒的目的。

6. 营养室的抹布必须每天消毒一次，也应采用蒸气消毒或煮沸消毒。

四、餐前准备

1. 营养员应每周一次与保健员一起商量制订一周食谱。每天早晨应验收食品，杜绝不新鲜的食品进园所；检查价格是否合理、数量是否准确、食品与当天食谱是否相符，保证幼儿的需要量，如有不妥要及时调整。

2. 早餐工作必须有专人负责烹饪定食谱，餐后负责清理消毒工作，注意每天提供的早餐要丰富多样，注意干稀、甜咸的搭配，早餐调味品必须专用。

3. 营养员按各班人数准备牛奶或豆浆。

4. 根据幼儿实到人数称米，淘米前仔细把杂物拣去，淘米时应轻轻淘洗，不要用流动水冲，不要用温烫水洗，也不要用力搓洗，洗净的米分盆蒸饭，蒸饭水要适量。

5. 择菜要仔细，洗时要用手轻搓，先洗净附在蔬菜表面的农药杂物和寄生虫，浸泡后才能切；切好的蔬菜应尽快烹饪，减少维生素 C 的损失，如不能及时炒时，可在蔬菜上盖块干净的纱布。

6. 荤菜洗净后应根据不同年龄加工。托儿所小年龄班的荤菜要去骨、去刺、去壳、切碎；幼儿园小班的荤菜要去骨、切小块；中、大班的荤菜可带骨切小块。

7. 进入熟食间必须更换工作服并带上口罩，用流动水洗净双手，按各班人数将食品分入专用的盛器，食品必须用食品夹、食品勺或筷子来分，严禁手抓。

8. 逢到切熟食品，如猪肝、鸡肉等，刀和砧板必须消毒，营养员的手也必须经消毒后才能操作。

五、烹饪

1. 奶和开水的烧煮：将牛奶或豆浆倒入锅中煮沸，然后按量盛入消过毒的水壶，放入熟食间；豆浆一定要煮沸 3～5 分钟才能食用，防止皂素中毒；水壶中的水烧开后倒入保温桶内备用，要加锁，供应的茶水应做到冬暖夏凉。

2. 食物的烹饪要注意色、香、味、形，以引起幼儿的食欲。

3. 烹饪绿叶蔬菜时要急火快炒，即用高温短时间翻炒，以减少维生素 C 的损失。

4. 烹饪动物性食物时，应该软、烂，便于幼儿咀嚼，以助消化和吸收。

5. 在烹饪操作时应备有尝菜勺，严禁用大勺直接尝味。烹饪好的食品应直接放进熟食间，冬天汤可晚些烧，注意保暖。

6. 如有患病幼儿、体弱儿，应根据需要烧好"特殊"饭菜。

7. 每周自制点心四次，甜咸、干稀合理搭配。根据季节做到冬暖夏凉，点心烧好后直接送进熟食间，按人数保证点心的数量。逢到吃水果时，能剥皮的要洗净后剥皮吃；不能剥皮的水果，用清水洗干净后削皮吃。

六、供应

1. 按规定时间，将餐具、消毒毛巾，各班荤素菜、饭、汤分批放进升降机送到各楼面，或从熟食间分发专窗传送出来。

2. 按规定时间和各班人数将点心盛入专用盛器内，放入升降机或从熟食间的专窗向外发放。

七、结束工作

1. 准备次日早餐所需物品，酝酿次日早餐、午餐午点所需外买的食品。

2. 做好整理工作，湿拖地面，清理垃圾，检查水、电、煤气开关是否关好，关好熟食间及营养室门窗。

保育员工作常规

一、环境和个人卫生

个人卫生

1. 上岗前换好干净工作服，不穿高跟鞋，保持仪表整洁。

2. 不留长指甲，不戴戒指，干完脏活用肥皂、流动水洗手。

室内环境卫生

1. 清晨打开活动室的门窗，注意固定窗钩和门钩，保持室内空气流通。活动室做湿性清扫，用湿抹布有顺序地擦幼儿摸得到的地方，抹布要勤搓洗，2 岁以下幼儿活动室的围栏、坐椅等要用消毒液擦洗。

2. 盥洗室要通风，打扫盥洗室要做到无污垢、无臭味，便池要勤冲洗。扶手、墙面瓷砖要用消毒液擦洗，用去污粉擦净洗手池。擦洗便池时先用水冲洗，然后用洁厕粉去除污垢，再用清水冲洗干净，便池的踏脚处和便架每天消毒两次。厕所的地面要用消毒液拖洗，并保持干燥。

3. 大便便盆用后立即清洗、消毒，小便便盆用后立即清洗，每天消毒两次，每次浸泡 30 分钟。消毒时间以安排在午后和幼儿离园后为宜。

4. 走廊要保持畅通、整洁，扶手处保持干净、无积灰。保育员要在幼儿全部离班后，再整理、清扫活动室。下班前关好所有的门、窗和水、电、煤气开关。

室外环境卫生

1. 清扫户外场地，擦洗户外所有幼儿触及到的运动设备表面，草地、花盆无杂物和枯枝败叶。

2. 阳台要保持整洁。

二、物品的整理、保管、清洁和消毒

1. 洗脸的毛巾定期用洗涤品清洗，每次使用后用流动水搓洗干净，用蒸气或煮沸的方法消毒（消毒时，毛巾应解松，蒸气消毒时间为 30 分钟，煮沸消毒应将毛巾浸没水中，水开后煮 10 分钟）。

擦手的毛巾每天用流动水搓洗干净、晾干，定期用洗涤品清洗，每周消毒 1～2 次。

2. 每天早晨用消毒液由内向外擦茶杯箱。茶杯要定期擦洗，每天使用过的茶杯用流动水清洗干净，用蒸气或煮沸的方法消毒，消毒后的茶杯放入茶杯箱，放置时手不触及杯口，杯口朝上，杯柄朝外。

3. 每天倒尽保暖桶内的隔夜水，用流动水、专用抹布，由里到外清洗保暖桶，然后倒入适量开水，摇晃保暖桶，冲洗放水笼头和桶内，最后将水倒尽。洗茶壶的方法和保暖桶基本相同，但茶壶的口要用刷子伸入刷干净。每天备好充足的茶水，供幼儿随时饮用，茶水冬暖夏凉。注意放水后保暖桶用锁锁牢。

4. 每周用消毒液擦洗一次大型玩具。小型塑料玩具清洗后用消毒液浸泡 20 分钟，再用清水冲后晾干，不宜浸泡的玩具可日光曝晒。

5. 地毯每天要吸尘，定期清洁、日晒。

6. 清洁工具做到专用，每次使用后要洗净、晾干，放在固定之处。被排泄物、呕吐物污染的清洁工具要立即用消毒液浸泡 30

分钟后洗净、晾干。

7. 幼儿的被褥如有破损、污染应及时处理，平时每月清洗1~2次，每两周日光曝晒一次，贮藏被褥处应保持干燥、整洁。

8. 夏季使用的席子每天用专用抹布和温水擦净后晾干，定期用消毒液擦洗。

三、幼儿一日生活活动中的保育

午餐

1. 午餐前：午餐餐厅应保持整洁、明净、舒适，开饭前15~30分钟消毒桌面，先用干净的湿抹布擦净餐桌，再用消毒液消毒。保育员接触幼儿食物和餐前必须戴好饭兜、口罩，用肥皂和流动水洗净双手。饭菜须放在专用桌子上，根据不同的季节，准备温度适宜的饭菜，如吃干点应使用食品夹。

2. 午餐中：掌握少盛多添随分随吃的原则，吃得慢的幼儿应让他们先吃，观察幼儿食欲，培养良好的饮食习惯，不吃汤泡饭，不挑食。

3. 午餐后：幼儿用餐完毕后，将餐具送到营养室，用洗洁精及温水擦净桌面，清扫、拖净地面，桌椅整齐地放在规定的地方。

午睡

1. 午睡前：幼儿睡眠前，卧室要开窗通风，小床的被褥铺放平整。睡地铺的园所，先清扫地面，再用半湿的拖把拖净，等地面干燥后，先铺上席子，再铺上垫被。垫被的厚薄按季节而论，垫被的四周不能触及地面，最后铺好被子，做到不拥挤，让幼儿头脚交叉睡。幼儿脱衣时要注意关窗保暖，培养幼儿生活处理能力，对体弱儿要多加关心，做到先睡后起，多汗的幼儿可在睡前背部垫上干毛巾，汗湿的毛巾要及时拿掉。

2. 午睡中：幼儿睡眠时，保持室内空气流通，但不要让幼儿吹对流风，保育员加强巡回不离岗，注意培养幼儿正确的睡姿，发现异常情况及时处理。

3. 午睡后：幼儿起床前应先关上窗，照顾好幼儿穿衣。幼儿起床后，保育员要整理被褥；睡地铺的园所，把被褥折叠整齐后放在固定处。

盥洗

1. 洗手：幼儿洗手前，保育员要准备肥皂和手巾，调节水温，通过语言启发、动作示范，让幼儿逐步学会自己洗手的方法。

2. 洗脸：保育员准备温度适宜的毛巾，培养幼儿正确的洗脸方法。

3. 洗澡：洗澡前，保育员要采取防滑及保暖措施，准备好毛巾、肥皂，做到先放冷水后放热水，调节适宜的水温。洗澡时，保育员的手不能离开水源，先将幼儿淋湿，再擦肥皂。擦时要注意顺序，先擦颈部、胸腹、背部、双臂、双腿，最后擦臀部和脚。按同样的顺序将肥皂沫洗尽，洗澡结束时，先关热水再关冷水，用干毛巾擦干幼儿皮肤，立即穿上衣裤。

大小便

保育员要照顾幼儿排便，提醒幼儿入厕时间不宜过长，注意观察幼儿的大小便，发现异常情况及时与保健员联系。

四、保育技能

1. 保育员要协助教师做好各种活动前的准备。

2. 户外活动前，要检查场地是否平坦、运动器械是否安全，准备好毛巾和活动器具；帮助幼儿脱去外套，穿宽松、透气性好的服装和适合于运动的轻便鞋，系牢鞋带；幼儿上下楼梯时，保育员应做好安全保护工作。户外活动时，要掌握体弱儿的运动量，提醒或帮助幼儿擦汗。

3. 保育员在协助教师工作的同时，应重视自身技能的提高。

五、0～3 岁幼儿的教养工作

0～3 岁幼儿的教养工作要贯穿于一日活动的各个环节，使幼儿开心、开口、开窍。

1. 3 岁前是幼儿动作发展最迅速的时期，要遵循幼儿动作发展的规律，发展基本动作，活动中注意动静交替，室内外交替，组织和自由活动相结合。活动的时间和内容安排要考虑以引起幼儿的兴趣为主，活动量要适量，保育员要加入到幼儿的活动中去。

2. 3 岁前是幼儿语言发展最关键的时期，要利用一切机会丰富幼儿的生活，扩大其眼界，为幼儿发展语言创造条件。保育员必须掌握较多的知识，说话时发音要正确，吐字要清晰，语言要规范，语句要简单，使幼儿易懂、易模仿。保育员要利用教玩具或实物等直观教具，采取游戏的方式，促进幼儿的语言发展。幼儿不正确的发音要帮助纠正，不可取笑，不要限制幼儿说话，要注意幼儿的个别差异，加强个别幼儿的教育。

3. 音乐和美术活动能培养幼儿对美的感受力，保持良好的情绪。活动中以培养幼儿的兴趣为主，选择合适的教材，注意保护幼儿的听力和嗓音，开展美术活动时，要注意活动室的采光。

4. 保育员应根据本班幼儿的年龄特点和教养要求，制定学期计划、月计划、周计划及一日活动计划。

5. 托幼园所要开设家园（所）联系窗，利用各种形式加强与家长的联系。

幼儿园保育文献索引

1. 原国家教育委员会·幼儿园工作规程·1996
2. 丁碧云，荷宇汲·儿童保育通论·台北：大中国图书公司，1997
3. 朱家雄·现代儿童保健百科全书·北京：中国大百科全书出版社，1995
4. 苏祖裴·实用儿童营养学·北京：人民卫生出版社，1989
5. 吴桂梧·营养顾问·上海：上海科技出版社，1989
6. 郝秀真·儿童营养知识·北京：中国社会科学出版社，1992
7. 金　倩·怎样让孩子长得壮实·合肥：安徽科学技术出版社，1989
8. 杨培云·托幼机构营养手册·上海：上海科学技术文献出版社，1983
9. 范崇嬿·专家谈幼儿成长教育·北京：科学普及出版社，1990
10. 钱信忠·医学小百科营养·天津：天津科学技术出版社，1990
11. 刘湘云·儿童保健学·南京：江苏科学技术出版社，1990
12. 赵法伋·今日营养与健康·北京：金盾出版社，1991
13. 赵法伋·儿童饮食营养与健康·北京：金盾出版社，1991
14. 姚蓓喜·幼儿营养与食谱·上海：上海科学普及出版社，1991

15．李美筠．儿童营养学．北京：教育科学出版社，1987

16．沈治平．家用儿童营养手册．杭州：浙江科学技术出版社，1991

17．沈治平．科学饮食强身大全．北京：新华出版社，1991

18．谢嗣莲．幼儿保育手册．上海：上海教育出版社，1994

19．诸福棠．现代育儿新书．北京：人民军医出版社，1992

20．〔苏〕恰鲍夫斯卡娅．学前儿童卫生保健基础．北京：人民教育出版社，1985

21．李沐明．幼儿教育辞典．哈尔滨：黑龙江科学技术出版社，1997

22．卢乐山．中国学前教育百科全书（健康体育卷）．沈阳：沈阳出版社，1995

23．祝士媛，唐　淑．幼儿教育百科辞典．上海：上海教育出版社，1989

24．钱杭泽．幼儿心理保健．台北：五南图书出版公司，1983

25．陈帼眉．学前儿童发展与评价手册．北京：北京师范大学出版社，1994

26．中国福利会学前教育研究室．幼儿园保育工作指南．杭州：浙江科学技术出版社，1993

27．赵中建．教育的使命．北京：教育科学出版社，1996

28．岑国祯．行为矫正．上海：华东理工大学出版社，1996

29．朱家雄．幼儿卫生学．南京：江苏教育出版社，1990

30．徐秀嫦，张羽民．幼儿身心发展观察与评估．昆明：云南教育出版社，1994

31．苏祖斐．实用儿童营养学．北京：人民卫生出版社，1989

32．苏祖斐．0～6岁小儿营养手册．上海：上海科技出版社，1994

33．吴桂梧．营养顾问．上海：上海科技出版社，1989

34．李骏修．中学生心理辅导指南．西宁：青海人民出版社，1992

35．李　芬，荆在京．幼儿园保育工作的现状及建议．学前教育研究，1991（10）

36．祝　红．对幼儿卫生与保育课程方案的理解、看法与建议．学前教育研究，1996（5）

37．丁祖荫．心理卫生的发展和心理健康儿童的培养．心理发展与教育，1992（2）

38．郑晓边．幼儿卫生保健的现状与展望．幼教园地，1996（3）

39．郑晓边．如何区分幼儿心理的正常与异常．幼教园地，1996（5）

40．郑晓边．影响幼儿心理健康的因素．幼教园地，1996（6）

41．印景华．独生子女心理卫生状况研究综述．幼教园地，1996（9）

42．郑晓边．幼儿生活环境设备卫生．幼教园地，1997（6）

43．李培美．要重视儿童保育观念的更新．幼儿教育，1992（12）

44．闫水金．幼儿园保育工作管理．幼儿教育，1992（12）

45．赵寄石．中国学前儿童保教系统工程的思考．幼儿教育，1993，（2）（3）

46．黄根柱．儿童口腔不良习惯性动作对牙齿发育的影响．学前教育，1991（1）

47．张瑞英．如何做好幼儿心理卫生保健．学前教育，1993，（7）（8）

48. 张　宏．不要让孩子光膀子．学前教育，1995（6）

49. 果培厚．话说儿童呼吸道感染．学前教育，1996（11）

50. 昭　文．孩子头部被撞击以后．父母必读，1995（9）

51. 韦美翔．发热时注意什么．早期教育，1995（7）

52. 瞿　平．请注意关注小女孩的卫生．早期教育，1996．（8）（9）

53. 龚　群．防止儿童呼吸道感染的有效措施．上海托幼，1992（4）

54. 储秋风．婴幼儿异物入口、耳、鼻怎么办．上海托幼，1992（4）

55. 商伟明．体弱儿童生活护理工作．上海托幼，1994（12）

56. 长宁区实验幼儿园．幼儿园一日活动保育细则．上海托幼，1996（4）

57. 王宏伟．夏季应该注意儿童皮肤保健．家庭保健报，1992，7.24